实干才是硬道理

内蒙古锚定"两件大事"攻坚克难实践案例

安静颐 ◎ 主编

内蒙古人民出版社

图书在版编目（CIP）数据

实干才是硬道理：内蒙古锚定"两件大事"攻坚克难实践案例 / 安静赜主编. -- 呼和浩特：内蒙古人民出版社，2025.3. -- ISBN 978-7-204-18481-1

Ⅰ．D619.26

中国国家版本馆 CIP 数据核字第 2025X416H9 号

实干才是硬道理——内蒙古锚定"两件大事"攻坚克难实践案例

主　　编	安静赜
责任编辑	贾睿茹
封面设计	琥珀视觉
出版发行	内蒙古人民出版社
地　　址	呼和浩特市新城区中山东路 8 号波士名人国际 B 座 5 楼
网　　址	http://www.impph.cn
印　　刷	呼和浩特市圣堂彩印有限责任公司
开　　本	710mm×1000mm　1/16
印　　张	16.25
字　　数	300 千
版　　次	2025 年 3 月第 1 版
印　　次	2025 年 3 月第 1 次印刷
书　　号	ISBN 978-7-204-18481-1
定　　价	49.00 元

如发现印装质量问题，请与我社联系。联系电话：(0471)3946120 3946124

编委会

主　　编：安静赜
副 主 编：陶克陶夫
编　　委：图布新　　王晓明　　乌云娜
　　　　　沙咏梅　　莎日娜

前　言

理论修养是领导干部综合素质的核心，习近平总书记在2024年春季学期中央党校（国家行政学院）中青年干部培训班开班之际作出重要指示，强调"要自觉做党的创新理论的笃信笃行者"，"切实提升马克思主义理论水平和运用能力"。党校是推动党员干部学习马克思主义理论、提升理论素养的地方。怎样提升学员马克思主义理论水平和运用能力？必须把学习习近平新时代中国特色社会主义思想作为干部学习主课必修课，聚焦聚力、久久为功，引导学员全面系统学、持续深入学、联系实际学。关键是要坚持学用结合、学以致用，引导教师联系实际教、干部联系实际学，把习近平新时代中国特色社会主义思想转化为坚定理想、锤炼党性和指导实践、推动工作的强大力量。

案例教学，是引导学员提升运用所学理论分析和解决实际问题能力的重要途径。为充分总结提炼党的十八大以来内蒙古自治区围绕新时代的改革发展任务，深入学习贯彻习近平新时代中国特色社会主义思想和习近平总书记对内蒙古重要指示精神的实践典型，呈现新时代10年内蒙古自治区感党恩、听党话、跟党走、讲大局、担使命，推动全区经济社会发展和民族团结进步事业的经验做法，为教学提供鲜活的案例素材，为党员干部学习贯彻习近平新时代中国特色社会主义思想提供生动的案例教材，为党委、政府决策咨询提供有推广价值的示范案例，经校领导批准，自治区党校（行政学院）科研处围绕"七个作模范"在全区党校系统开展案例研发和征集工作。几经筛选和修改完善，决定将入选的20项案例汇集成册，供在校（院）学员和全区广大党员干部学习使用。

从本书编写的主观意愿上，我们希望尽可能拿出一些最近在全方位建设模范自治区中出现的典型案例。我们必须承认，本书编写的案例还存在很多问题和不足，一个最突出之点，就是同"七个作模范"相比，内容上未能全覆盖。无论如何，我们在贯彻落实自治区党委关于"来一个经验成果大起底"的要求上，已经有了一个良好的开端。通过这些案例，可以更直接地感受到习近平总书记对内蒙古的亲切关怀，感受到习近平新时代中国特色社会主义思想的实践伟力，是帮助党员干部学习领会习近平总书记对内蒙古重要指示精神的生动教材，也是找到新思路打开新局面的重要参考。

在此基础上，我们准备继续把这个重要工作做下去，最终建立起一个高水平的自治区党校（行政学院）案例库，大力推广运用全区工作中的成果和经验，鼓励学员和广大党员干部敢想敢干，激励大家创新创造，为推动内蒙古高质量发展奋力书写中国式现代化新篇章做出党校贡献。

目 录

从"死亡之海"到沙漠绿洲
　　——库布其为全球荒漠化治理贡献中国智慧
　　　　………………………………………… 苏利英（1）

点沙成金绘制绿水青山新画卷
　　——新时代防沙治沙"磴口模式"
　　　　………………………………… 张乐　梁丽华（14）

昔日京津风沙源变身京北后花园
　　——多伦县"林进沙退"治理浑善达克沙地的实践探索
　　　　………………………………………… 李海斌（27）

"三个转变"助力"草原明珠"重焕生机
　　——呼伦湖的生态治理实践
　　　　………………………………………… 王海卓（41）

"塞外明珠"重现光彩
　　——乌梁素海流域生态综合治理的实践
　　　　………………………… 赵靖元　贾慧　赵俊峰（54）

昔日荒山秃岭　今朝花果飘香
　　——七合堂走生态立村之路的生动实践
　　　　………………………………………… 刘俊杰（69）

民营资本与生态建设
——苏人牧场利用民营资本进行荒山治理的生动实践
……………………………………… 王宗美（77）

社区"小天地"做好民族团结进步"大文章"
——兴安盟乌兰浩特市腾飞社区民族团结进步创建工作
………………………… 田育颖 乌云 孙玉良（86）

健全工作体系 打通基层治理"最后一公里"
——鄂温克族自治旗赛克社区"1314"基层社会治理"近邻"模式
……………………………………… 包峰等（97）

志愿服务"融"治理 文明实践"育"新风
——赤峰市松州园社区组织开展志愿服务的生动实践
……………………………………… 麻亮亮（109）

推行村民小组"微治理" 为民服务"零距离"
——五原县夯实乡村振兴治理根基的探索与实践
……………………………………… 罗志雄（121）

夯实乡村振兴的治理根基
——赤峰市敖汉旗萨力巴乡乡村治理的实践与探索
………………………… 孙静文 孟书玉 梁立达（133）

掌心里"知村务" 指尖上"办事务"
——敖汉旗推动党建引领乡村治理数字平台建设的实践探索
……………………………… 沙咏梅 李立新（147）

边疆地区走向共同富裕的实践探索
——兴安盟"晓景计划"培育致富带头人的经验做法
……………………………………… 王伟等（160）

党建引领聚合力 "统种共富"促振兴
　　——达拉特旗白泥井镇官牛犋南社土地合作经营模式的创新实践
　　…………………………………… 苏蓉　王耀阁（173）

走向共同富裕道路上作模范的生动实践
　　——以"共富共享"擘画"和美小镇"的嘎鲁图镇样本
　　…………………………………… 李利芳　布赫　道力根（188）

将国家向北开放的桥头堡打造得巍然蓬勃
　　——呼和浩特市加快发展开放型经济的实践与探索
　　…………………………………… 贾祎　杨美（202）

"内外兼修　引育联动"
　　——包头市破解老工业城市人才发展困境的经验做法
　　…………………………………… 张鹿园（214）

航天铸梦建功业　守望相助强国防
　　——额济纳旗传承红色基因守护祖国北疆的生动实践
　　…………………………………… 原公霞（226）

内蒙古边境乡镇加强守边固边兴边的实践探索
　　——兴安盟科右前旗满族屯满族乡"五边行动"
　　…………………………………… 李芳　徐广生（240）

从"死亡之海"到沙漠绿洲

——库布其为全球荒漠化治理贡献中国智慧

中共鄂尔多斯市委党校　苏利英

【引言】习近平总书记高度重视荒漠化防治，十分关心重视库布其沙漠治理，党的十八大以来有多次公开的批示和讲话，特别值得一提的是2017年7月，习近平总书记在致第六届库布其国际沙漠论坛的贺信中指出："中国历来高度重视荒漠化防治工作，取得了显著成就，为推进美丽中国建设作出了积极贡献，为国际社会治理生态环境提供了中国经验。库布其治沙就是其中的成功实践。"2019年7月，习近平总书记在致第七届库布其国际沙漠论坛的贺信中指出："库布其沙漠治理为国际社会治理环境生态、落实2030年议程提供了中国经验。"2023年6月6日，习近平总书记主持召开加强荒漠化综合防治和推进"三北"等重点生态工程建设座谈会，指出"要坚持科学治沙，全面提升荒漠生态系统质量和稳定性"，"要因地制宜、科学推广应用行之有效的治理模式"。

一、背景

库布其沙漠是中国第七大沙漠,位于鄂尔多斯台地北部边缘、黄河南岸,海拔高度1000—1400米,地势由北向南呈阶梯状抬升,自西向东横跨内蒙古鄂尔多斯市杭锦旗、达拉特旗和准格尔旗等5个旗区,东西长365千米,南北宽约40千米,最宽处可达65千米,最窄处10—20公里,总面积1.86万平方千米。库布其沙漠是内蒙古乃至全国荒漠化较为严重和全国水土流失较为严重的地区之一。其核心治理区在最西部的杭锦旗,沙漠面积占全旗总面积的53%。

曾经沙漠腹部地区寸草不生、荒无人烟,风蚀沙埋十分严重。30多年前,这里植被覆盖度不足3%,每年发生沙尘暴50多次,曾被喻为生命禁区,不可治理的死亡之海。数万农牧民生活在库布其沙漠腹地,受尽沙漠的欺负。沙区百姓过着吃粮靠返销、花钱靠救济的艰难生活,人均收入只有200多元,屡屡出现沙进人退、远走他乡的"生态难民"。

新中国成立后,库布其沙漠每年向黄河岸边推进数十米、流入泥沙1.6亿吨,直接威胁着"塞外粮仓"河套平原和黄河安澜,沙区老百姓的生存和生命安全常受其扰。库布其沙漠生态状况不仅关系到本地区各族群众的生存和发展,也影响到京津冀乃至全国的生态安全。

二、主要做法

为了生存和发展,内蒙古自治区各级党委、政府将生态建设作为最大的基础建设和民生工程来抓，特别是新时代以来，在习近平生态文明思想的指引下，各级党委、政府团结带领沙区各族干部群众，坚定不移践行"两山"理念，顺应规律，探索出了库布其治理模式，实现了生态效益、经济效益和社会效益的有机统一。

（一）主要举措

1. 强擎牵引，党委、政府政策性推动激发活力

在内蒙古自治区党委、政府的领导下，20世纪50年代鄂尔多斯市委、政府提出"禁止开荒、保护牧场"；60年代提出"种树、种草、保护基本农田"；70年代提出"以牧为主，全面规划、禁止开荒、保护牧场、农林牧结合，发展多种经济"方针，掀起了群众造林治沙的高潮；伴随着改革开放的脚步，"三北工程"落地库布其沙漠，80年代中期，鄂尔多斯市大胆改革创新，提出"三种、五小""个体、集体、国家造林一齐上""谁造谁有、合造合有、长期不变、允许继承"等政策，极大鼓舞了农牧民治沙热情，出现农牧民争沙抢沙承包治理的喜人局面，激发了社会各界巨大的治沙动力；90年代提出把植被建设作为最大的基础建设来抓，形成保护生态、治沙造林、恢复植被的社会氛围，1997年，13万杭锦人民在旗委、政府的带领下，挺进了"死亡之海"，让天堑变通途，打通了"穿沙公路"，由此拉开了"以路划区、分割治理"大规模治沙的帷幕；进入21世纪，鄂尔多斯市确立"建设绿色大市"发展战略，在全国率先推行"封闭禁牧、定期休牧、划区轮牧、定畜限牧"，从根本上解决了草、畜、人在发展中的矛盾，使生态、经济和社会三者之间的恶性循环转变为良性循环；进入新时代以来，围绕筑牢我国北方生态安全屏障，坚

持生态优先、绿色发展,将国民经济和社会发展计划与国土空间规划、"双重规划"有效衔接,积极争取防沙治沙国家重点工程,配套地方生态建设工程,培育一批荒漠化地区特色产业,积极探索实施家庭林场、家庭草场生态治理模式,构建以家庭为单位的多种发展经营模式,使得农牧民从过去的林地草原使用者变为建设者、保护者,转型成为生态治理项目的直接承包人,参与生态建设的积极性和主动性被极大调动。

2. 企业规模化产业化治沙,实现经济社会生态统一共赢

"钱从哪里来""利从哪里得""如何可持续地进行沙漠生态建设"等现实问题让各级党委、政府一致认为:单凭政府投资远远不够。2018年5月,习近平总书记在全国生态环境保护大会上提出要加快建立健全"以产业生态化和生态产业化为主体的生态经济体系"。按照产业化治沙思路调整经济结构,依托灌木资源优势推动产业发展,用活生态保护补偿和生态工程建设资金,构建生态保护成效与补偿资金分配挂钩的激励机制,引入社会资本,依托国家和地方生态工程开展系统化、规模化、产业化沙漠治理,以利益杠杆撬动生态建设,理顺了生态建设与经济发展的关系,为增加生态建设投入,加快生态建设注入了新活力,使生态、经济和社会效益实现统一共赢。其做法如下:一是农业治沙。通过开发本土化耐寒旱、耐盐碱种质资源,挖掘沙漠植物经济价值,适度开发甘草、苁蓉、有机果蔬等种植加工业。同时按照"宜草则草、草畜平衡、静态舍养、动态轮牧"的原则,依托沙柳、柠条、甘草、紫花苜蓿等高蛋白沙生植物资源,实施灌木林平茬复壮饲草化利用,发展有机无抗生素饲料,在生态修复区适度发展牛、羊、地鹋等本土化畜禽养殖,激励群众种植养殖的积极性。二是工业治沙。利用生物、生态,工业废渣和农作物秸秆腐熟等,

发展土壤改良剂、复混肥、有机肥料等制造业。治沙改土，打造农庄有机田，减少沙层，变废为宝。三是能源治沙。充分利用沙漠每年3180小时日照的资源，大力发展沙漠光伏项目。通过"板上发电、板间种草、板下养羊"的方式，利用光伏板生产绿色能源，通过光伏板间草林种植防风治沙，通过光伏板下养殖牛羊形成的天然生物肥为经济作物提供养分，实现了良性互动。四是金融治沙。亿利集团联合数十家大型企业和金融机构发起设立了"绿丝路基金"，通过金融手段撬动更多资金，投资沙漠产业。五是旅游治沙。依托大漠自然风光和沙漠绿洲，大规模发展沙漠越野、大漠星空、沙漠探险、会议会展、农家乐、牧家乐体验等沙漠旅游。目前，库布其已经形成了以生态为底色，一二三产融合发展的沙漠绿色经济循环体系，走出了一条规模化、产业化的治沙之路。自治区党委、政府按照"引进一个企业、带动一个产业、富裕一方百姓"的发展目标，在各项支持性政策引导下，引进亿利、伊泰等10多家企业参与生态建设，亿利集团"生态+光伏"全产业链、伊泰百万亩碳汇林工程、东达沙产业、绿远梭梭嫁接肉苁蓉、天骄沙棘饮料、高原杏仁露、源丰生物质热电……大批企业组成西、中、东三路集团军规模化治沙、科学开发林沙资源，带动了库布其沙区由单纯治沙向生态建设与生态经济发展并举转型。在龙头企业的带动下，鄂尔多斯市80多家企业参与治沙造林及其相关产业开发的企业产业化投资，培育自治区级林业产业化重点龙头企业14家、国家林业重点龙头企业2家，逐步形成了一二三产融合发展的生态产业综合体系。

3. 社会和农牧民市场化参与，增强治沙致富的动力

谁来治沙？起初治沙主体都是生存在这里饱受沙漠之苦的老百姓，他们最原始的诉求是保住生存家园。随着思想的解放、机

制的激励，人们开始由畏沙到抢沙、由"要我干"到"我要干"的理念转换，随着生态环境的改善，如何继续增强老百姓治沙的内驱力，答案就是实现治沙致富同频共振。为此，在自治区党委、政府创新农牧民参与机制，建立全方位、多渠道利益联结机制。运用包干治沙与家庭承包治沙模式，采取"公司+农户"模式，通过沙地发包入股创收、参与生态建设创收、产业发展带动创收等方式，当地百姓拥有了"沙地业主、产业股东、旅游小老板、民工联队长、产业工人、生态工人、新式农牧民"7种新身份，每一种新身份都带来了不菲的收入。农牧民成为库布其治沙事业最广泛的参与者、最坚定的支持者和最大的受益者。截至2023年末，农牧民直接参与治沙人数达26万人次。企业带动引领绿色发展，以重点生态工程和示范项目为依托，吸引企业通过打造沙漠经济全产业链项目、实施碳汇林工程、打造沙漠"生态小镇"等，规模化发展种植、养殖、旅游等产业，带动农牧民在防沙治沙同时，实现生产发展、生活改善、生态恢复的有机统一。当地治沙企业科学制定沙区产业发展规划，强化利益联结机制，让沙区百姓以土地入股，通过分红的方式分享到沙漠土地资产升值的收益。鼓励农牧民参与农牧业发展，参与甘草、肉苁蓉、有机果蔬等种植加工。动员社会力量参与生态建设。践行美丽中国全民行动观，鼓励全民参与建设绿色家园，坚持国家生态重点工程建设与重点区域绿化、全民义务植树有机结合，推行"以补代造""以奖代投"等激励机制，鼓励引导社会各界广泛参与防沙治沙，形成了国家、地方政府及企业、个人多元化投资，全社会共同参与生态建设的新格局。黄河"几字弯"攻坚战中，鄂尔多斯市与国家能源集团、中煤集团、三峡集团等资本雄厚的中央企业达成合作协议，在库布其沙漠和毛乌素沙地通过产业投资、自主造林、捐助捐款等方式，高标准高质量建设防沙治沙示范基地。亿利集团与蚂蚁金服合作，吸引全国支付宝用户群体参与库布其治沙行动，研发手机移动端APP，通过"互联网+公益"的模式动员全社会参与库布其植树治沙事业。

4. 技术持续化创新，提升沙漠科学治理水平

库布其沙漠治理曾出现过边治理边破坏，点上治理面上破坏、治理赶不上破坏，一度陷入"治理—破坏—再治理—再恶化"的恶性循环。随着治沙实践的深入，人们慢慢总结出不仅需要人力、财力、物力，还需要先进的理念、科学的技术和灵活的机制。遵循自然规律和客观规律，统筹推进山水林田湖草沙一体化保护和系统治理，因地制宜，科学施策，深化防沙治沙体制机制创新，增强发展动力和活力。坚持"先易后难、由近及远、南围北堵、锁边切割、分区治理、整体推进"的治理原则，形成库布其沙漠治理技术创新体系。推进治理策略创新，按照消灭东段、南部围堵、西部封禁、北缘锁边、中部切割的策略推进库布其沙漠分区域治理。东段持续歼灭可治理沙化土地，南部建立生态巩固提升区恢复退化沙化草原，西部划定自然修复封禁保护区，北缘构筑防沙护河锁边林带阻止沙漠北侵黄河，沙漠腹地沿穿沙公路构建风沙路径阻隔带，发展光伏治沙产业反哺生态治理。提高治理技术创新，建立沙漠研究院、旱地节水现代农业科技示范中心，创新沙障再生、顶凌造林、容器苗造林、低压水冲造林、微创气流植树、甘草平移栽种等100多项技术成果，选育沙柳、柠条、杨柴等1000多种耐寒耐旱耐盐碱型沙区良种。鄂尔多斯积极建设国家级荒漠化防沙技术创新中心，在标志性工程广泛推广应用智能灌木平茬、智能沙障铺设、植树机器人、无人机飞播等新装备新技术，并实行治理机制创新。坚持以林长制促进"林长治，各级

林长对防沙治沙工作负总责，自然资源局、生态环境局、发改委、财政局、水利局、农牧业局等行政主管部门和气象主管机构各负其责，逐级落实"五包责任制"，推动林草管护横向到边，纵向到底。

5. 成果开放化共享，贡献中国智慧和方案

库布其治理的技术、模式和理念向全国乃至全球进行了分享，成为绿富同兴的生命绿洲，成为中国防沙治沙影响世界的成功样本。一方面共享防沙治沙技术，坚持发展成果由人民共享，积极向全国多地特别是西部地区输出生态治理创新技术，在甘肃腾格里沙漠，重点实施了10万亩级的甘草治沙工程和立体生态光伏项目；在青海祁连山，实施了国家首批"山水林田湖"综合利用与保护项目，修复面积近5万公顷；在新疆塔克拉玛干沙漠，创新实践苦咸水综合治沙技术，建设30平方千米的灌乔草药复合生态示范区，建成15千米长、1.5千米宽的生态修复及复合生态林；在西藏那曲4500米高海拔地区实施高寒城镇地区生态植树重大科技专项，结束了西藏那曲"史上无树"的历史。另一方面积极开展库布其防沙治沙国际创新交流与合作，不断提升库布其论坛的国际影响力，借助论坛平台、联合相关国际组织推动建立由政府、企业、研究机构多方参与的全球化治沙科技创新联盟，推动防沙治沙国际合作。已成功举办《联合国防治荒漠化公约》第十三次缔约方大会和九届库布其国际沙漠论坛，习近平总书记向缔约方大会和两届论坛致贺信，库布其沙漠治理模式作为中国防沙治沙的成功实践被写入190多个国家代表共同起草的《鄂尔多斯宣言》，与联合国环境规划署共建"一带一路"沙漠绿色经济创新中心。在第九届库布其国际沙漠论坛上，首次举办以习近平生态文明思想为主线的中国荒漠化防治成就展，形成了荒漠化防治6

项共识,发布了全球青少年低碳向未来行动宣言,见证了国家林草局与阿拉伯国家联盟《关于建立中阿干旱、荒漠化和土地退化国际研究中心的谅解备忘录》的签署,建立了中阿干旱、荒漠化和土地退化国际研究中心,启动首批"沙特百亿棵树灌木种质工程和立体光伏治沙工程"合作项目。项目主要内容包括推广库布其节水灌木种子技术、"乔灌草181"种植模式以及立体光伏治沙技术体系,在沙特建设年产1亿株的沙旱生灌木智慧苗圃以及规模不低于100万千瓦的生态光伏治沙产业园,助力沙特百亿棵植树计划的落地。

(二)取得成效

库布其沙漠经过多年生态治理,提高生态系统质量,供给生态产品,取得丰富的生态财富。2017年9月11日,联合国环境署发布《中国库布其生态财富评估报告》显示,库布其沙漠共创造生态财富5000多亿元人民币。从生态效益看,库布其沙漠区域生态环境明显改善,沙漠里年降水量和生物多样性显著增多,出现了天鹅、野兔、野鸡、狐狸等30多种绝迹多年的野生动植物,1万平方千米区域内庞大的生物链系统正在逐步形成,改良上百万亩的沙漠良田。沙丘的固定彻底消除了沙漠边缘农田、草地和房屋被侵蚀的危险,降雨量的增加使农作物和牧草产量提高。由于环境和生产条件的大幅度改善,人口被迫外迁的现象完全消除。如今的库布其呈现的是一幅人、沙、绿洲、动物和谐共生的画面。库布其核心治理区植被覆盖度达到了65%,较10年前增长了30%以上;治沙植树成活率从30多年前的20%提升到如今的80%以上;生物多样性从123种提高到1026种;沙尘暴从八九十年代年均50场减少到如今年均1—3场;涵养水源200多亿立方米,固碳从几乎为0提高到1540万吨，释放氧气1830万吨。如今，库布其治理面积达6000多平方千米，绿化面积达3200多平方千米，1/3的沙漠得到治理，森林覆盖率、植被覆盖度分别由2002年的0.8%、16.2%增加到现在的15.7%、53%，创造了大漠变绿洲的奇迹，库布其沙漠成为全球唯一整体被治理的沙漠。从经济效益看，治沙成本由30多年前的每亩7000—8000元降低至不足1000元，同时构建了绿色生态农业、绿色旅游、绿色能源等一体化治沙新业态新模式，实现治沙由输血到造血的可持续发展。通过光伏治沙产业，从"一块板子"到"一条绿色的链子"，形成了百亿零碳生态产业圈；甘草、肉苁蓉等种植形成了10亿元规模的中药（蒙药）健康产业链；沙漠生态旅游每年吸引游客超过十万人次，库布其正加速变成绿水青山和金山银山。从社会效益看，通过带动库布其及周边沙区农牧民参与治沙生态产业拉动几十万个绿色富民的就业岗位，实现10.2万人脱贫致富，人均收入由20世纪70年代不足200元增长到目前的25000多元。由此，这里发生六大历史性转变，即从索取自然向顺应自然，从广种过牧向集中发展，从单一投入向多元融合，从沙逼人退到绿进沙退，从生态效益到经济效益、社会效益和从绿进沙退到人沙和谐的历史性转变。

更值得一提的是库布其治沙模式已经得到国内外高度认可，绿色名片走向全国、走向世界，彰显中国在生态文明建设中的参与者、贡献者和引领者的大国形象。2014年4月，库布其沙漠生态治理区被联合国环境署确认为首个全球沙漠"生态经济示范区"。2017年，《联合国防治荒漠化公约》第十三次缔约方大会在鄂尔多斯市成功召开，提炼总结的荒漠化治理鄂尔多斯模式，为世界其他荒漠化地区提供了中国智慧和中国方案。2018年12月

"内蒙古自治区杭锦旗库布其沙漠亿利生态示范区"获评生态环境部"绿水青山就是金山银山"实践创新基地；2021年，生态环境部发布以库布其治沙"双向碳中和模式"为典型代表的全国首批《"绿水青山就是金山银山"实践模式与典型案例》，为各地进行"两山"实践探索作出示范，提供经验。通过连续举办的九届库布其国际沙漠论坛，将库布其的理念、技术、经验、模式与世界共享。该论坛是全球唯一以防沙治沙为主题的国际多边对话交流平台，也是全球唯一在大漠绿洲中召开的国际论坛。向全球展示了中国防治荒漠化负责任大国的形象，有力推动了高质量共建"一带一路"和全球防治荒漠化的进程。库布其沙漠治理成效被巴黎气候大会标举为"中国样本"，成为"世界治沙看中国，中国治沙看库布其"的典范。

三、经验启示

（一）党的领导是防沙治沙的政治保障。自治区党委、政府政策性推动为库布其治沙起到了把方向、管保障、促发展的关键作用。在几十年的治理中，自治区党委、政府始终保持战略定力，坚决扛牢生态大旗，各级党委、政府代代接续，蓝图续绘，把荒漠化治理作为求生存、谋发展的根本大计，高站位谋划、高标准管理和高质量建设，大胆先行先试，创新体制机制，逐步构筑起了支持荒漠化防治的政策体系。

（二）顺应自然规律，因地制宜施策。人类只有尊重自然，顺应自然，才能实现人与自然和谐发展，这是对文明发展历史规律的深刻总结，也是对人类前途命运的深远把握。生态文明是一场涉及思想观念的变革，认知革命是库布其模式的逻辑前提。人与自然和谐共生是库布其模式的一个核心理念。各级党委、政府顺应自然，保护自然，建立了严格的防沙治沙预警预测和监管体系，守住了生态安全边界，提升了生态系统质量和稳定性；坚持以人民为中心的发展思想，着力解决防沙治沙领域人民最迫切最直接最现实的利益问题，充分发挥防沙治沙的生态效益、经济效益、社会效益，不断增强人民群众获得感、幸福感、安全感；坚持系统治理、综合施策，坚持"先易后难、由近及远、南围北堵、锁边切割、分区治理、整体推进"的治理原则，形成库布其沙漠治理技术创新体系。

（三）资金保障是基础，科技创新是关键。自治区党委、政府充分发挥国家重点项目带动作用，积极主动向上争取，配套地方工程，持续加大资金投入是持续治理库布其沙漠的基础。改革开放以来，库布其沙漠相继实施"三北"防护林体系建设、天然林资源保护、退耕（牧）还林（草）、封沙育林、京津风沙源治理防沙治沙示范区等国家林业工程，并配套实施"六区绿化、四个百万亩"、重点区域绿化等地方工程，形成国家投入为导向，地方投入为支撑，全社会投入为主体的多元化投资格局。自主创新是库布其模式的坚实基础。通过科技创新、把沙漠治理变成一个系统工程，降低治沙成本，以此为基础形成产业集群。世界领先的治沙技术是库布其模式走出国门，扩展发展空间，为人类造福的关键。

（四）绿色精神传承，聚合协同共治。内蒙古各级党委、政府对库布其沙漠治理一以贯之、久久为功，孕育了"不屈不挠、敢为人先、解放思想、艰苦奋斗"的穿沙精神及"守望相助、百折不挠、科学创新、绿富同兴"的库布其精神。精神的凝结，是鄂尔多斯人求实创新与艰苦奋斗的有机结合，是自力更生、艰苦创业精神的结晶。在精神的感召下，政府、市场和社会聚合系统治理。政府引导出政策、给支持，企业利用政府的好政策，更好地防沙治沙；政府深化防沙治沙体制机制创新，加强改革举措系统集成，进一步增强发展动力和活力。通过自治区党委、政府的引导，建立多方位、多渠道利益联结机制，广泛宣传动员，鼓励人民群众参与荒漠化治理，极大地调动沙区群众的积极性和主动性，思想观念发生了根本转变，从过去的"自发治"转变为"自觉治"，逐绿前行；全面吸引社会资本参与生态建设，以利好政策激发社会各界荒漠化治理动力，广大企业从过去"试着干"转变为"大胆干"。治理主体由国家、集体为主向社会各界多元化转变，涌现出一批治沙大户、治沙模范和龙头企业，他们的故事感人，精神宝贵，为推动库布其沙漠治理提供强大精神力量和思想支撑。

总之，库布其治沙人高擎习近平生态文明思想的旗帜，以源自库布其的精神力量催动绿色发展，在共谋全球生态文明建设之路上贡献中国智慧、中国方案。

点沙成金绘制绿水青山新画卷
——新时代防沙治沙"磴口模式"

中共磴口县委党校　张乐　梁丽华

【引言】习近平总书记强调，人类要更好地生存和发展，就一定要防沙治沙。三北地区生态非常脆弱，防沙治沙是一个长期的历史任务，我们必须持续抓好这项工作，对得起我们的祖先和后代。在内蒙古自治区巴彦淖尔市考察并主持召开加强荒漠化综合防治和推进"三北"等重点生态工程建设座谈会时，习近平总书记指出："要因地制宜、科学推广应用行之有效的治理模式。四十多年来我们创新探索了宁夏中卫沙坡头模式、内蒙古磴口模式，还有库布其模式、新疆的柯柯牙模式等一大批行之有效的治沙模式。"

一、背景

磴口县位于巴彦淖尔市西南部，乌兰布和沙漠东北端，黄河"几字弯"顶端，是河套平原引黄灌溉源头。全县总面积3677平方千米，地貌以沙地、山地、平原为主，素有"七沙二山一平原"之称。其中我国八大沙漠之一的乌兰布和沙漠在该县境内面积达2840平方千米，约占全县总面积的77%，是我国荒漠化最为严重的地区之一，也是西北地区沙尘暴的主要发源地之一。

"一年一场风，从春刮到冬；小风眼难睁，大风活埋人。""三天不刮风不叫三盛公"就是当时磴口县生态环境的真实写照。新中国成立伊始，全县森林覆盖率仅0.04%，308.5亩林木、5万余棵树木是仅有的"绿色家底"，剩下的大部分土地都被流沙淹没，全县被流沙压埋的村庄有14处，农作物经常被大风连根吹走，亩产不到百斤。沙丘急剧地移位和扩展，淹没周边草地林地，破坏水利设施，淤积灌渠，堵塞道路，侵蚀家园，人们只能望沙兴叹，背井离乡，恶劣的生态环境制约着地区经济社会发展，一度成为当地农牧民贫困的根源。到20世纪五六十年代，乌兰布和沙漠每年将7000多万吨黄沙输入黄河，使得河床年均抬高10厘米以上，河套地区黄河水面已高出地面2—4米，成为地上"悬河"。这对包兰铁路、京藏高速、110国道形成威胁，同时也严重威胁下游地区群众生命财产安全乃至华北的生态安全。防沙治沙，成为磴口县首要而艰巨的任务。

新中国成立初期，为了阻止乌兰布和沙漠危害黄河和河套绿洲，以首任磴口县委书记杨力生率领的磴口县委、县政府一班人，领导广大群众团结一致、艰苦奋斗，建成闻名全国的308防沙林带，以风障、沙障有效遏制沙漠东侵，吹响了以"防"为主的治沙号角。20世纪70年代以来，磴口县在对乌兰布和沙漠"防、灌、用"结合的规划治理基础之上，实施了"三北"防护林体系建设、退耕还林等一批重点生态工程；建成亚洲最大的一首制自流引水灌溉工程——三盛公水利枢纽工程，完善沈乌干渠水利基础设施，为治理沙漠提供了水源保障。1969年，内蒙古生产建设兵团一师开赴乌兰布和沙漠屯垦拓荒，百万亩沙漠实现了"沙进人退"到"绿进沙退"的历史性转变，磴口县迈上了以"治"为主的治沙征程。然而乌兰布和沙区自然条件差、造林投入大、治理成本高，需要大量的资金投入。磴口县不断加大生态建设基础设施建设力度，但受自然条件和历史因素制约，能源、交通等基础设施建设仍然薄弱。特别是乌兰布和沙漠除穿沙公路外，沙区道路主要以沙石路面和土路为主，电力供应半径过大，用电、用水等得不到有效保障，严重制约沙区生态治理。沙区的水资源需求不断增大，乌兰布和沙漠亟待生态补水，稳定地下水位和恢复湿地、植被。

党的十八大以来，磴口县牢固树立和践行"绿水青山就是金山银山"的理念，依托京津风沙源治理、乌梁素海流域山水林田湖草生态保护修复试点、内蒙古西部荒漠综合治理等国家重点生态工程及社会公益造林项目，坚持山水林田湖草沙一体化保护和系统治理，创新形成以生态项目扶持产业发展，以产业发展带动生态建设，政府政策性引导、企业产业化经营、农牧民市场化参与的防沙治沙新格局。锚定生态与生计兼顾、绿起来与富起来结合、治沙与致富双赢的目标，开启了以"用"为主的产业治沙新模式。磴口县防沙治沙事业步入全新阶段。

二、主要做法

新时代防沙治沙"磴口模式"是习近平生态文明思想在磴口实践的生动展现，关键是始终筑牢和践行"绿水青山就是金山银山"的发展理念。在防沙治沙为主的生态治理建设中，全面推进山水林田湖草沙综合治理，坚持生态产业化、产业生态化思路，切实解决造林绿化和发展后续产业的关系，实现了生态、生产、生活共赢发展，不断提高防沙治沙的有效性、可持续性，走出一条沙漠戈壁也是金山银山的道路。

（一）四方主体、要素保障

沙漠治理是一项系统工程，必须有坚强的组织领导、多元的资金投入、广泛的民众参与和适用的技术创新。磴口县统筹各方面力量，凝聚起政府、企业、社会和科研机构四方主体参与防沙治沙的强大合力。

1. 坚持政府推动。打好产业项目招商、政策资金支持、科技平台搭建、专业人才培育等组合拳，整合分散在发改、林草、农牧、水利、自然资源等各领域的资源力量，优化资金投入和项目实施方式，先后争取实施了"三北"防护林、京津风沙源治理、天然林保护、乌梁素海流域山水林田湖草生态保护修复试点工程等一批生态建设项目和道路交通、农田改造、渠道衬砌等一批基础设施项目。党的十八大以来，累计争取和投入生态项目资金9.2亿元，治理沙漠52.7万亩，为防沙治沙提供了坚强保障。

2. 坚持利益驱动。针对多年来防沙治沙中存在的重造轻管、产权不清、责任利益不明确、投资造林的积极性不高等生态建设的瓶颈因素，县委、县政府明确提出实施"生态治县"工程，出台了加快林业生态建设步伐等若干决定，鼓励企业、单位和个人到磴口县开展防沙治沙、植树造林等活动，对参与沙区产业治沙的企业在植被恢复、经济林补助、节水灌溉、中低产田改造、供电设施、道路交通、产业化推进、银行信贷等方面给予扶持，有效激发调动企业参与沙漠治理的积极性。2000年以来先后引进培育91家产业化治沙龙头企业，吸引社会资金75.5亿元，完成产业治沙面积80多万亩。特别是在圣牧高科、蒙牛等龙头企业的带动下，当地农牧民增收，公司产生可观的经济效益，龙头企业显示出了强大的带动示范作用。

3. 坚持宣传发动。每逢造林季节，磴口县通过发出政府倡议、制作公益片和电视广播、新闻报刊、新媒体宣传等多种方式，常态化号召干部群众开展大规模义务植树造林活动，党员林、统战林、民兵林等义务植树基地星罗棋布。新中国成立以来，磴口县共计义务植树 8.98 万亩、8168 万株。县委、县政府大力宣传"谁投资、谁治理、谁受益"以及允许继承、转让和长期不变的政策，鼓励农牧民在房前屋后、渠旁路旁植树造林，通过千家万户造林带动了农户育苗、新品种引进、林果产业的发展。

4. 坚持科技带动。充分发挥中国林科院沙林中心驻地科研优势，积极与北京林业大学、中国农业大学、内蒙古农业大学等知名院校和科研机构合作，探索形成"冷藏苗避风造林""冬贮苗造林""低压水打孔植苗造林"等技术，以技术创新与改变，显著降低造林成本，提升苗木成活率。在沙区治理上，坚持先固沙后造林，不断加大"中国魔方"草方格——柴草网格等工程固沙造林力度，网格状沙障有效阻挡风沙侵蚀，促进沙生植物在沙障中生长，起到非常好的防风固沙造林作用。在造林难度大的沙区，采取"造、封、飞"并举、生物工程技术并用的综合治理方式，形成配置合理、结构完善、经济效益显著的生态防护林体系，彻底切断乌兰布和沙漠向河套地区和华北地区侵蚀的通道。同时，依靠科技积极培育发展沙产业，探索发展光伏生态产业，依靠科技力量改进光伏面板，将其大片布置在荒漠化土地上，像遮阳伞一样减少土壤水分蒸发，又在板下种植耐旱沙生植物，实现国土空间高植化利用，提升板下治沙绿化效率，形成新能源与治沙融合发展的生态圈。

（二）统筹兼顾、系统治理

磴口县在"绿水青山就是金山银山"发展理念引领下，科学认识生态系统的内在规律，统筹考虑全县各自然生态要素，坚持山水林田湖草沙一体化保护和系统治理，加强治沙、治水、治山全要素协调和管理，不断增强各项措施的关联性和耦合性，促进自然生态系统质量的整体改善和优质生态产品供给能力的全面增强。

山：在沿阴山一线，依托哈腾套海国家级自然保护区，开展阴山及周边自然资源保护。

水：坚持以水灌沙，充分发挥乌兰布和沙漠紧邻黄河、沙漠腹地湖泊和湿地众多、地下水资源相对丰富的优势，在春秋两季有效利用凌汛水进行生态补水，为沙漠治理提供充足的水源保障，有效改善区域小气候。

林：坚持以林防沙，先后实施了天然林保护、退耕还林等林业生态工程。在乌兰布和沙漠中修建140千米穿沙公路分割沙漠、畅通物流，沿湿地、渠系、公路边缘造林育草并逐步向沙漠腹地延伸，形成了以点串线、以线带面的防沙固沙防护网。

田：坚持以田改沙，将90多万亩沙漠重新改造为渠沟路林田村庄同步配套的良田，构建起农田防护林生态屏障。

湖：依托纳林湖、奈伦湖国家级湿地公园开展湖泊湿地修复与保护，进行堤岸护坡修复、湖底清淤、植被恢复、强化监管等，不断增强水源涵养能力。

草：坚持以草固沙，采取人工播种和围封等措施，不断提升草原质量。依托龙头企业，在沙区建成优质牧草基地和有机牧场。

沙：沙区治理坚持宜乔则乔、宜灌则灌、宜草则草、宜封则封，大力营造防沙固沙林网林带。全力实施国家林草项目，积极吸纳社会资本参与沙区生态建设。

（三）三生共赢，绿色发展

磴口县在最初的防沙治沙过程中认为"沙漠百害而无一利"，治理投入大、周期长、见效慢，并没有把沙漠看作产业发展的全新空间，一度出现"就沙治沙"、投入渠道单一、治理持续性不强等问题。通过践行习近平生态文明思想，将当前和长远、发展和民生的关系统筹考虑，坚持生态、生产、生活共赢发展，不断探索可持续、可循环、可发展的防沙治沙模式。

1. 生态建设方面。坚持以防沙治沙为主攻方向，植树造林、封沙育草、退耕还林、生态项目、产业发展、执法检查一体推进，构建全民全域全程防沙治沙大保护、大治理格局。

2. 生产发展方面。农区按照"地随林走或林随地走"的方式发展造林大户，牧区按照"围一片沙、打一眼井、造一片林、种一片草、养一群羊、富一户人"的方式发展生态经济户。通过政策、项目、资金扶持，鼓励治沙企业、种养大户、各类合作社大力发展沙草产业，引导农牧民在沙区积极培育和种植既有生态治理效果又能产生经济效益的沙生作物，如肉苁蓉、甘草等中草药材，种植红枣、酿酒葡萄等经济林。

3. 生活富裕方面。自20世纪90年代起，磴口县针对人均耕地少、收入水平低、沙草产业日益兴起的实际，鲜明提出"向沙漠进军，再造一个磴口"的目标，鼓励农牧民和种植大户到沙漠承包经营土地、发展沙草产业，提升沙区农牧民经营性和工资性收入。

（四）分类施策、科学防沙

习近平总书记在全国生态环境保护大会上强调，综合运用自然恢复和人工修复两种手段,因地因时制宜、分区分类施策,努力找到生态保护修复的最佳解决方案。磴口县坚持因地施策、因害设防,开展五域系统施治,探索出与乌兰布和沙漠生态治理相适应的"一地一网三区"防沙治沙体系。

1. "一地"即建立自然保护地。为保护沙漠原生资源,建立自然保护地,通过守护自然生态、保育自然资源,维护自然生态系统健康稳定。建成了总面积191.4万亩,约占全县总面积34%的哈腾套海国家级自然保护区、纳林湖国家湿地公园、奈伦湖国家湿地公园和沙金套海国家沙漠公园等自然保护地,有效确保荒漠生态系统的原真性和完整性。

2. "一网"即营造农田防护林网。为利用好森林的生态防护功能,改善农事活动的生态环境,磴口县科学设计"两行一带"的窄林带、小网格的农田防护林,为农田挡风防沙,使得沙漠边缘也可以种庄稼。即在沙漠东缘围绕农田、路网营造防护林网,并向纵深辐射,形成林网规格500米×300米、株行距1米×2米,主副林带垂直的新型农田防护林网。在树种选育上,选择新疆杨、沙林杨等高大乔木,以达到防护效益最大化;在林带设计上,以林带冬季相疏透度为设计依据,遏制水土流失和沙漠对农田侵害,有效防护面积157万亩。

3. "三区"即封沙育草区、防风阻沙区和光伏治沙区。

在县域西部最外围、沙漠东缘建设光伏治沙区,通过"光伏+生态治理"模式,即板上发电、板下种植,以抬高光伏阵列距地面高度1.8米、拉大阵列间距12米的方式,为种植灌草留下充足空间,板下种植梭梭、四翅滨藜等耐旱沙生植物1.5万亩,形成阻挡乌兰布和沙漠的第一道防线;紧挨着光伏治沙区的是封沙育草区,以封育保护为主,即对裸露沙丘实施围栏封育21万亩,辅助采取飞播、人工播种籽蒿、花棒、沙拐枣等耐旱沙生植物以及禁采禁牧等措施，促进天然植被恢复，阻止流沙的活动和前移，形成阻挡沙漠的第二道防线；再向县域内采用"冷藏苗避风造林""冬贮苗造林""高压水打孔植苗造林""飞播造林""生物+沙障"等复合技术，选用梭梭、花棒等节水抗旱沙生植物，采取1米×1米的稻草方格先固沙、后造林的方法，完成防沙治沙130万亩，营造防风阻沙区，形成第三道防线。

如今，"磴口模式"在新时代防沙治沙实践中实现生态效益、经济效益、社会效益"三丰收"，为全国防沙治沙事业提供了行之有效的治理样板。截至2024年，全县累计治理沙漠210万亩，重度沙化土地减少45万亩，中度沙化土地减少3.3万亩，向黄河年输沙量减少到370万吨，降低94.7%。沙区植物增至322种，林草覆盖度由0.04%提高到37.2%，动物种类由过去的40多种增加到现在的近80种，磴口县成为过境鸟类和野生动植物的"重要驿站"及"繁殖地"。县内农牧业生产条件和农田小气候得到改善，沙区农牧业稳产高产得到促进，沙漠治理呈现出"整体好转、改善加速"的良好态势。2022年，在龙头企业的带动下，牧草种植、规模化奶牛养殖、牛奶加工产值突破百亿元。优良牧草种植面积45.8万亩。建成规模化奶牛养殖场50座，奶牛存栏15.75万头，年产鲜奶55万吨。积极发展中草药材和林果生产加工业，接种肉苁蓉、甘草、葡萄、枸杞、沙棘15.8万亩，有机农产品产地认证面积达25万亩，绿色有机农产品130个，居全区首位。全县沙产业年产值突破10亿元。沙漠治理不仅改善了生态环境和农牧业生产条件，拓宽了就业渠道，增加了农牧民收入，还优化了投资环境，提升了磴口知名度，逐步形成了社会关注、全民参与沙漠治理的浓厚氛围。磴口县累计流转沙区农牧民土地27

万亩、流转草牧场 64 万亩，每年带动农牧民就业 3700 余人，人均年收入 4 万元。全县耕地面积由改革开放前的 40 多万亩增加到 165 万亩，沙区农牧民经营性和工资性收入明显增加。磴口县先后荣获全国防沙治沙先进集体、国家林下经济示范基地、全国防沙治沙综合示范区、全国"绿水青山就是金山银山"实践创新基地、国家"三北"工程科学绿化试点县等荣誉称号，2024 年"磴口模式"治沙群体被内蒙古自治区党委宣传部授予"北疆楷模"称号。

三、经验启示

磴口县坚定不移贯彻习近平生态文明思想，勇担使命，不畏艰辛，久久为功。积极探索防沙治沙新路径新举措，形成了一套行之有效的新时代防沙治沙"磴口模式"，为"三北"地区精准治沙和三大攻坚区提供了可复制、可应用、可推广的示范样板，为全国荒漠化治理提供了"巴彦淖尔经验"。

（一）践行"两山"理念，拓宽"两山"转化路径

理念是行动的先导，防沙治沙不仅要有坚强的意志和决心，更要有科学的思想和理论指引。习近平生态文明思想，为新时代磴口县生态文明建设提供了根本遵循。全县坚持树牢"绿水青山就是金山银山"的生态理念，从认为"沙漠百害而无一利"就沙治沙，到转变发展思路确立"沙漠资源观"，认识到沙漠不仅不是"害"，而是土地、光热、风能、生态资源富集的宝贵资源，是发展特色有机产业的天然宝库。提出"以生态项目扶持产业发展，以产业发展带动生态建设"的思路，实施生态产业治沙，盘

活沙漠资源，拓展生态价值空间。积极拓宽绿水青山与金山银山的双向转化通道，做强绿色农牧业，做精绿色新能源，做大绿色生态游，逐步形成了以沙漠绿化为基础的生态修复、生态农牧业、生态光伏、生态旅游融合发展的产业综合体系。真正将治沙和致富结合，变沙害为沙宝，推动沙漠治理步入"以治促用、以用促治"的可持续治理阶段。

（二）传承治沙精神，持续筑牢北疆生态安全屏障

防沙治沙不仅是"绿进沙退"的空间交锋，更是"人进沙退"的精神对垒。不论是从"三北"工程具体实践中锤炼来的"艰苦奋斗、无私奉献、锲而不舍、久久为功"的"三北精神"，还是磴口县治沙过程中铸就的"不畏艰难、负重前行、团结拼搏、敢于胜利、继往开来、永不止步"的308治沙精神，正是这些精神的红色基因，培育出了杨力生、谢恭德、韩应连等几代党员干部，他们始终忠于党和人民，始终保持战略定力和历史耐心，用心血、汗水和治沙的生动实践深刻诠释了共产党人的初心使命。他们以"一代接着一代干"的毅力、"不破楼兰终不还"的定力和"敢教日月换新天"的魄力，一个节点一个节点坚守，一个年头一个年头坚持，克服防沙治沙收缩、防御、相持、拉锯、反攻不同阶段的重重困难，将荒漠化治理由周期性、区域性的工程升级为长期性、全面性的事业，将生态治理特别是乌兰布和沙漠生态治理纳入常态化推进的轨道，不断创造出新的生态奇迹，被内蒙古自治区党委宣传部授予"北疆楷模"称号。治沙精神以穿透时代的生命力，历久弥新、生生不息，成为代代传承的磴口治沙群体的红色基因，激励鼓舞着一代又一代后人。

（三）科技赋能防沙治沙，为科学治沙提供强大支撑

防沙治沙是一项实践性、技术性强的工作，必须发挥科技的支撑作用，把科技进步贯穿于防沙治沙的全过程。磴口县通过与知名院校和科研机构进行合作，助推产、学、研一体化发展，探索形成了荒漠原生树种造林、高压水打孔造林及飞封造并举、乔灌草结合、带片网协同、田水沙共治等治沙实用技术和方式，为科学防沙治沙提供了有力的科技支撑保障。同时，磴口县依靠科技积极培育发展沙产业，形成凝聚科技力量的防沙治沙新模式。实施的"光伏+生态治理"项目，创新采用林光互补的模式进行生态治理，实现板上发电、板下种植，为发展林草沙产业提供更大空间。该模式摸准了防沙治沙的"脉"，开出了科技的"方"，把发展光伏产业和沙漠治理、节水农业相结合，既解决了能源问题，又解决了治沙问题，还实现了经济效益和生态效益双保障，提升企业投资建设的积极性，促进农民增收，真正以科技力量助力荒漠化地区实现乡村振兴。

（四）基于资源禀赋和生态问题，实施分类施策分区治理

科学治沙，因地制宜是关键。磴口县与驻地的中国林科院沙林中心协作，科学谋划防沙治沙布局，突出问题导向和系统观念，区域防治与重点保护相结合，根据沙化土地自然条件及其不同的生态、经济功能，实行分类保护、综合治理和合理利用，构建起了与乌兰布和沙漠生态治理相适应的"一地一网三区"五位一体综合治理体系。"一地"即磴口县建立的四个自然保护地，坚持生态保护底线思维，以保护优先、自然恢复为主，积极争取国家和自治区自然保护地项目，保持沙漠生态系统原真性和完整性，

充分发挥荒漠生态系统的自我修复能力。"一网"即农田防护林网。在绿洲内部，围绕农田、路网营造主副林带垂直的新型防护林网，降低风速，遏制水土流失和沙漠对农田侵害，守护塞北粮仓。"三区"即封沙育草区、防风阻沙区和光伏治沙区，通过"防、治、用"等措施，打造产业化、立体化、高质化的防沙治沙新业态。"一地一网三区"，五域系统施治，对县域和农田进行层层防护、系统治理，形成从外至内、由表及里、覆盖全域的科学治沙体系。让昔日沙子追着跑的县城变成了富饶绿洲，也彻底切断了乌兰布和沙漠向河套地区和华北地区侵蚀的通道。

（五）积极探索"光伏+治沙+产业"新模式，打造绿色能源与生态和谐共生新典范

磴口县作为黄河"几字弯"攻坚战的核心区和前沿阵地，对党中央"生态优先、绿色发展"理念深入贯彻，推动绿色能源与生态治理深度融合。围绕国家"双碳"目标，依托乌兰布和沙漠优质的光热资源和土地承载能力，坚持保生态、建基地、强产业并举，积极推进集清洁能源生产、生态修复与保护于一体的防沙治沙和风电光伏一体化项目。采用"板上发电、板下固沙、板间种植"模式，利用发电场区光伏板风障、沙障、集雨、热力平衡效应，做到一地多用、绿色循环发展。光伏板的安装不仅不破坏原有的生态环境，反而能够利用其遮阴效果，减少地面受到的日照辐射和水分蒸发量，增加降雨，有助于植被的恢复和生长。同时，光伏板下方的空间也得到了充分利用，成为规模化种植固沙植物的场所。通过植被的恢复和种植，有效防止沙漠流动，提高土壤质量，促进生态系统的平衡和稳定，实现光伏产业和生态治理有机结合。

昔日京津风沙源变身京北后花园
——多伦县"林进沙退"治理浑善达克沙地的实践探索

中共多伦县委党校　李海斌

【引言】 习近平总书记在主持中共十九届中央政治局第二十九次集体学习时指出，党的十八大以来，我们加强党对生态文明建设的全面领导，把生态文明建设摆在全局工作的突出位置，作出一系列重大战略部署。在"五位一体"总体布局中，生态文明建设是其中一位；在新时代坚持和发展中国特色社会主义的基本方略中，坚持人与自然和谐共生是其中一条；在新发展理念中，绿色是其中一项；在三大攻坚战中，污染防治是其中一战；在到本世纪中叶建成社会主义现代化强国目标中，美丽中国是其中一个。这充分体现了我们对生态文明建设重要性的认识，明确了生态文明建设在党和国家事业发展全局中的重要地位。

同时，把内蒙古建设成为我国北方重要生态安全屏障，是习近平总书记交给内蒙古的"五大任务"之一，也是内蒙古必须牢记的"国之大者"。

2023年6月，习近平总书记在巴彦淖尔市考察并主持召开加强荒漠化综合防治和推进"三北"等重点生态工程建设座谈会时强调，党中央高度重视荒漠化防治工作，把防沙治沙作为荒漠化防治的主要任务，相继实施了"三北"防护林体系工程建设、退耕还林还草、京津风沙源治理等一批重点生态工程。经过40多年不懈努力，我国防沙治沙工作取得举世瞩目的巨大成就，重点治理区实现从"沙进人退"到"绿进沙退"的历史性转变，保护生态与改善民生步入良性循环，荒漠化区域经济社会发展和生态面貌发生了翻天覆地的变化。

在这个进程中，多伦县的生态文明建设成果就是我国防沙治沙工作巨大成就在内蒙古的一个生动缩影。

一、背景

多伦县地处锡林郭勒大草原南端，浑善达克沙地南缘，是国家重点生态功能区，也是海河流域滦河水系的源头和京北生态安全屏障，具有得天独厚的生态优势和资源禀赋，素有"坝上古城、草原水乡"的美誉。20世纪七八十年代，受干旱、大风等自然灾害和乱砍滥伐、过度开垦、超载过牧等人为因素的共同影响，生态环境持续恶化，一年刮十几场沙尘暴。2000年，卫星遥感监测显示，全县高达87%的土地风蚀沙化，形成了三条东西走向的大沙带，分布在中北部地区，有逐渐扩展相连的趋势，森林覆盖率仅为6.8%。荒凉干旱的沙地和遮天蔽日的沙尘暴，成为多伦人的梦魇。作为内蒙古自治区距离北京最近的县，恶劣的生态环境也给京津冀地区的生态安全带来了巨大隐患。这不仅威胁当地人民的生产生活，还直接影响京津冀地区的生态安全。2000年5月，时任国务院总理朱镕基到多伦视察土地沙化和治沙情况，作出了"治沙止漠刻不容缓，绿色屏障势在必建"的重要指示。此后国家紧急启动京津风沙源治理工程，多伦县也因此成为祖国北疆进行大规模生态建设的前沿阵地。在内蒙古自治区党委、政府和锡盟党委、行政公署的领导下，多伦县委、县政府始终把生态建设与环境保护摆在全县各项工作的首位，用20多年的时间卓有成效地实施京津风沙源治理工程、退耕还林还草工程、百万亩樟子松造林工程、百万亩碳汇景观经济林工程、浑善达克沙地规模化林场建设等一大批林业生态重点项目，绿化战役一轮接一轮，人工绿浪一波接一波。多伦的生态环境得到巨大改善，从漫漫黄沙到茫茫青翠，实现了由"沙中找绿"到"绿中找沙"的历史性巨变。良好的生态环境也带来经济效益和社会效益的日益凸显，多伦县先后获得全国绿化先进集体、全国退耕还林先进单位、北京奥运会特别荣誉奖、全国绿化模范县、全国生态文明示范工程试点县、全国国土绿化突出贡献单位、京津风沙源治理工程先进集体、全国防沙治沙先进集体、中国天然氧吧等多项国家级奖项和荣誉称号，并在2015年成功承办全国防沙治沙现场经验交流会。昔日"狂风一起，黄沙漫天"的京津风沙源已变身为受人青睐的"天然避暑地、京北后花园"。多伦逐步走出一条生态建设与经济社会发展融合互促的绿色发展之路，创造了成效明显、可复制易推广的多伦模式，打造出了生态文明的亮丽名片。

二、主要做法

（一）突出重点，强力推进林业生态建设

坚持生态优先、绿色发展，把生态重点工程建设摆在了全县经济社会发展的首要位置来抓。2000年开始，多伦县委、县政府

抓住国家启动京津风沙源治理工程的历史机遇，坚持国家投资与群众投工投劳、发动社会化造林相结合，采取"封、飞、造、禁、移、调"等措施对沙化土地综合治理，加大林业生态建设力度，确立"生态固基"战略目标持续推进。2011年以来，为进一步提升林业整体水平和发展后劲，以加速、提质、增效为目标，相继启动百万亩樟子松造林工程、百万亩碳汇景观经济林和浑善达克规模化林场建设等林业生态建设重点工程，着力打造固基林业、景观林业、经济林业，全县林业建设步入了良性健康发展轨道。2000—2020年，全县210万亩严重沙化土地得到有效治理，林地面积由2000年的54万亩增加到现在的225万亩，森林覆盖率由6.8%提高到37.9%，项目区林草植被盖度由不足30%提高到85%以上，保住了中国乃至亚洲迄今发现的面积最大、尚存最古老，保存最完好的天然榆树林。大规模的植树造林，起到了显著的堵沙源、涵水源作用，形成了保护京津的绿色屏障。数据显示，2016—2021年，全县年均降水量392毫米，较过去30年增加了14毫米，2020年降水量达到409毫米；年均大风天数16天，较过去30年减少了33天。

1. 大力实施退耕还林工程。多伦县自2000年实施退耕还林工程以来，截至2020年累计完成造林76.96万亩，其中：退耕地还林48.46万亩，荒山荒地造林28.5万亩。工程涉及全县5个乡镇，64个行政村，18320户，70487人，促进农民人均增收459元。在整体思路上，把生态林、用材林放在优先发展的位置，因地制宜营造规模经济林基地，既要生态效益、社会效益，又要经济效益。工程采取"两行一带"造林模式，既能有效改善生态环境，又能隔株移植卖大苗、林带间打草，产生经济效益。

2. 持续推进京津风沙源治理工程和规模化林场建设。紧紧围绕县委、县政府关于林业生态建设的战略布局，在完成京津风沙源治理工程等重大国家生态项目的同时，加强水源涵养水土保持区、城镇村屯绿化区、农田防护林区、林沙产业开发区、百万亩樟子松建设区、工矿植被恢复绿化区、公路沿线、铁路沿线、种苗基地等重点区域绿化建设。2011—2017年，多伦县百万亩樟子松造林工程累计完成以樟子松为主的造林面积137万亩，完成县域内重点区域造林绿化11.4万亩，低产低效林改造任务23万亩，未成林地补植补造项目16.75万亩，森林抚育12.6万亩。通道景观绿化245千米，新建种苗基地265处。

（二）勇于改革，形成生态建设多元化投入格局

通过改革林业建设管理体制和经营机制，全县集体、企业、个人生态建设积极性空前高涨，生态建设多元化投入格局基本形成，造林质量显著提高，林下经济长足发展，从根本上解决了多年来制约林业发展"活不了、管不住、投入少、富不起来"的突出问题。

1. 解决"活不了"的问题。通过采取"花钱买活树"的方法，实行紧密型工程承包建设，林业部门重点负责规划设计和检查验收，其他环节交给造林主体和受益主体，以此充分调动各方积极性，解决了生态建设"活不了"的问题。近年来，百万亩樟子松造林工程成活率达到90%以上，超过国家验收标准20个百分点。

2. 解决"管不住"的问题。通过提高种植树种经济效益，造林后及时将产权落实到户等措施，将生态建设与农民利益挂钩，极大地促进农民参与生态保护的积极性，解决了生态建设"管不住"的问题。

3. 解决"投入少"的问题。通过实行"谁投资、谁受益"的原则,采取股份制、合作制、承包、租赁、转让等多种造林形式,广泛吸引社会资金参与生态建设,解决了生态建设"投入少"的问题。近年来,累计投入生态建设资金近15亿元,其中社会投入占60%以上,吸引了40家区内外绿化企业和55个县内林业专业合作社,按照不同的造林形式,确定兑现造林补贴和林权所有权,实现"企业要林权,政府要生态"的双赢目标。同时,积极协调农发行贷款1.4亿元用于工程建设,基本形成了国家、集体、企业、个人等多元化的投入格局。

4. 解决"富不起来"的问题。通过推进生态补偿机制和生态产业扶持相结合的方式,解决了生态建设"富不起来"的问题。具体包括,通过公益林生态效益补偿助农增收,全县共纳入国家级公益林补偿面积143.98万亩,其中国有林69.36万亩,集体和个人74.62万亩,年度享受国家公益林生态效益补偿资金1815.53万元。通过草原生态补奖政策促进农民增收,全县享受草原生态补奖政策面积323.2万亩,其中:禁牧面积139万亩,草畜平衡面积166万亩,年度发放补奖资金1756万元,覆盖全县5个乡镇,23841户农户、建档立卡户2706户。通过实施重点工程,引进的绿化企业和组建的农民林业专业合作社承包造林,优先安排有劳动能力的贫困户参与工程,全县"双百万"工程及规模化林场建设总投资21.3亿元,其中用于整地、造林、苗木装杯、浇水等劳务费用达到8.5亿元,占工程建设总投资的40%,工程直接解决近1万名人员就业,参与者人均增收8万多元。近年来,通过出售苗木、直接参与造林务工、发展林沙产业等,逐步走出一条大地增绿、农民增收的道路,全县农民人均纯收入中有40%来自林草业。

（三）致力增收，打造经济生态复合型林业

1. 推动种苗产业化格局基本形成。优化树种结构，出台政策鼓励社会各主体进行育苗生产。2010年开始实施樟子松大苗疏密移植，移植出售大苗后，再补植上容器苗，"以造代育"实现循环利用。2011—2022年，全县累计移植出售樟子松、榆树、山杏等大约84万株、容器苗2.1亿株，销售收入达7.3亿元，覆盖5400户农户。全县已形成20万亩2米以上高的樟子松林。百万亩樟子松造林工程和浑善达克规模化林场建设完成后，将会为全县农民建成一处永续利用的"绿色银行"。

2. 促进特色种养殖业有序发展。大力发展林下种养殖业，梅花鹿、狍子、大雁等特色养殖及油桃、葡萄、中草药种植基地遍布全县。实施低产低效林改造工程，完成扁杏嫁接、金叶榆嫁接、金叶垂榆嫁接、红松嫁接3万亩，蒙古野果栽植1万亩，中草药种植6万亩。积极推行"窄林带、宽草带"造林模式，林带间年增产畜草1.8亿公斤，产值达1.08亿元。通过调整养殖业结构，带动了更多的农民从农牧业生产转移到林业生产经营上来。林副产品加工业健康发展。依托丰富的林地山野菜资源，引进了山野菜、山杏沙棘饮品深加工项目，解决农民就业问题，龙头企业带动了全县林沙产业的快速发展。森林生态旅游业蓬勃发展。发展森林旅游业，建成滦河源国家森林公园，将县域打造成为全区全域旅游示范区。开展林权证抵押贷款、林权流转等业务，让农民的林地实现资源到资产、资产到资本的转变，成为绿色银行。截至2022年，全县林权证抵押贷款金额已突破2亿元，其中农民个人林权证抵押贷款金额达7000万元，有力推动了全县经济的高质量发展。推进林业碳汇项目，坚持试点先行原则，以30万亩人

工林为试点进行开发，所得收益用于乡村振兴，启动林业碳汇合作开发项目。

(四) 立足保护，加强森林资源管理

1. 严格落实森林资源目标责任制。按照森林资源保护与生态建设目标，加强森林资源管理与保护。成立了以分管副县长为组长，各乡镇相关部门负责人为成员的保护发展森林资源工作领导小组，及时召开全县保护发展森林资源工作会议，专题安排部署森林资源保护发展工作，协调解决工作中存在的问题，为全面做好保护发展森林资源奠定了坚实的基础。多伦县先后印发了《森林资源保护目标责任制实施细则》《森林资源保护与生态建设目标责任制考核办法》，逐级签订责任状，明确责任、落实任务，进一步量化森林资源面积蓄积及保护措施。建立健全森林资源保护考核长效机制，将森林资源保护任务纳入各乡镇、相关部门年度考核重要内容，严格兑现奖惩办法，将考核结果作为干部选拔任用、培养锻炼重要依据，形成一级抓一级、层层抓落实、齐抓共管的良好局面，确保来之不易的生态建设成果。

2. 加强森林保护和管理。严格建设项目征占用林地审批。2006—2022年，共办理征占用林地112宗，林地面积1083.2354公顷，缴纳植被恢复费8707.81万元。2021年完成年度采伐限额任务26000立方米，并限期完成采伐迹地更新造林任务。根据国家全面停止天然林商业性采伐的要求，已于2015年全面停止天然林商业性采伐，此举有利于森林资源生态功能的提升，更在保护生物多样性、加强野生动物和湿地保护、维护森林生态系统活力和健康方面起到了重要的作用。

3. 加强森林病虫害防治。全面落实林业有害生物防治目标管理责任制和《责令限期除治林木病虫害通知书》制度，对发生病虫害的林地及时指导防治，对全县 225 万亩的林地进行监测及防治，2016 年至今共对全县 26.4 万亩的林地进行防治，有效保护了森林资源。对全县的有林地进行测报，截至目前未发现国家、自治区级危险性检疫害虫入侵，未造成直接经济损失。

4. 加强森林草原防火。落实防火责任制，严格执行 24 小时昼夜值班、领导带班、车辆待命、防火通讯等各项防火制度，保证信息、政令通畅。全县设有县级森林草原防灭火指挥部 1 个，乡镇级防灭火指挥部 5 个，村级防灭火指挥部 65 个。利用公益林森林生态效益补偿金，组建了 1 支 15 人的专业扑火队，统一集中住宿，半军事化管理，各成员单位和各乡镇也组建了 14 支半专业化扑火队（共 321 人），盟森林消防支队每年防火期派驻森警到多伦县靠前驻防。在全县范围内设立 7 个固定防火检查站，建设草原火情监控站 1 处，野外火情监控塔 2 座，瞭望塔 1 座。近五年无重特大森林火灾发生。

（五）巩固成果，严格执行"以草定畜"及禁牧政策

1. 严格执行"以草定畜"及禁牧政策。20 多年来，多伦县严格执行季节性禁牧政策。在多伦县，只有奶牛和优质肉牛可以在每年的 6 月 1 日至 10 月 31 日在草畜平衡区放牧；其余各个畜种，包括马、驴、骡、育肥公牛、骆驼、羊等均实行全年禁牧。全县范围内有林地和未成林造林地、生态建设项目区、移民迁出区、旅游景区、自然保护区、国有林场和苗圃为全年禁牧区域严禁放牧，对进入以上区域违规放牧、偷牧的，依法依规予以处罚。通过实施严格的禁牧政策，多伦 214.78 万亩草原得以休养生息，225 万亩林业建设成果得以巩固。

2. 强化科学饲养。各乡镇、有关部门在畜牧业基础设施建设、饲草料储备等方面加强对养殖户的技术指导，引导养殖户结合实际情况完善畜牧业基础设施建设，采取以草定畜、长草短喂、饲料粉碎等方式科学饲养，走舍饲圈养、少养精养、科学饲养之路，加快育成牛、育肥牛产业发展，促进畜牧业养殖方式由粗放型向精养型转变。同时，对养殖户建设的舍饲圈养标准化棚圈、青贮窖、储草棚、饲草料购入等方面给予技术支持和适当的资金补贴。

3. 严厉打击违规违法行为。县委、县政府对全县禁牧工作实行统一领导，成立禁牧工作领导小组，统一指挥、协调、监督全县禁牧工作，将禁牧工作纳入乡镇和有关职能部门领导班子年度实绩目标考核管理。县林业和草原局为禁牧工作行政主管部门，自然资源综合行政执法大队、森林公安局为禁牧执法单位，各乡镇综合行政执法局为禁牧主体单位。各乡镇、各部门按照各自职责，协同配合，加大违规出牧、偷牧查处力度，确保禁牧工作落到实处，取得成效。

（六）创新机制，全民参与生态建设

1. 加强组织领导，建立健全体制机制。近年来，县委、县政府高度重视林业工作，特别是2000年全面实施退耕还林和京津风沙源治理工程后，县委、县政府把林业工作纳入全县经济社会发展的重要环节，成立了以县政府主要领导为组长，林业、发改、农发行、财政等相关部门为成员的退耕还林和京津风沙源治理工作领导小组，并设立了办公室负责处理"两大工程"建设的日常事务。县政府配备了专抓林业的副县长，各乡镇明确了专抓林业的副书记或副乡镇长，设立了林业工程建设相应机构。同时，建

立了责任制，每年年初与乡镇签订责任书，明确年度林业建设任务和森林保护的内容，把完成林业生产任务情况与党政一把手的政绩业绩挂钩，实行专项督办，确保督办落实到位，年终严格考核兑现。这激发了各级各部门和社会各界参与林业工程建设的积极性，形成了党政一把手亲自抓，分管领导具体抓，一级抓一级，层层抓落实的林业建设新局面。

2. 以市场化的方式推进林业工程建设。进一步改革生态建设管理体制和经营机制，本着"小政府、大市场"的原则，以"花钱买活树"的紧密型承包制进行生态工程建设，林业部门负责规划设计和检查验收，施工、管护分别交给承包造林主体和受益主体。根据检查验收结果兑现造林补贴、确定林权归属。进一步完善林业产权制度，明晰林地使用权，落实林木处置权、受益权，允许依法继承、转让。在保障生态功能的前提下，允许各类经营主体依法合理开发林地资源，进行多项间种以及发展森林旅游业等，调动了社会各类主体的造林积极性。

3. 全民参与，形成良好社会氛围。多伦县规定国家公职人员每年必须参加义务植树，为多伦的绿水青山再出力、再添彩。充分发挥社会化造林作用，通过积极宣传扩大影响形成示范效应。例如，由多伦县政府、北京新闻广播电台和北京绿化基金会共同发起的治还（治多伦一亩沙地，还北京一片蓝天）工程，在多伦县防沙治沙的第一个十年，也是开局起步最为艰难的时期，就募集了上千万元资金，治理了多伦数万亩沙地，造林成果和社会影响都非常显著。在多伦县形成了县委、政府高度重视，社会各主体积极参与，人人爱绿植绿护绿的良好社会氛围。

三、经验启示

（一）提高政治站位，锚定目标不放松

多伦县作为祖国北疆重要生态安全屏障的关键节点，当地政府和人民深刻认识到生态文明建设就是多伦人的"国之大者"。二十年如一日锚定生态文明建设目标不放松，习近平总书记2023年6月在内蒙古自治区巴彦淖尔市主持召开加强荒漠化综合防治和推进"三北"等重点生态工程建设座谈会时发表的重要讲话，更加坚定了当地政府和人民进一步巩固和发展20多年来生态建设成果，打赢浑善达克沙地歼灭战的信心和决心。只有提高政治站位认识问题，才能时刻保持清醒、锚定目标不放松。

（二）加强顶层设计，合理规划统筹推进

2000年以来，多伦县在不断加大向上跑的力度，积极争取项目落地，保证国家生态建设项目和补助资金持续投入的基础上，按照当地土壤、生物、气候等自然条件和社会经济发展需求科学谋划，分两个阶段，从第一个十年以防沙治沙为主，到第二个十年以"加速、提质、增效"为目标，坚持宜乔则乔、宜灌则灌、宜草则草，因地制宜的原则，一张蓝图绘到底，在适地适树、分区施策、突出重点的前提下，科学确定生态修复治理空间布局，统筹山水林田湖草进行系统治理，通过实施一系列生态建设工程，使当地的生态状况发生历史性转变。这都离不开科学全面的顶层设计，合理规划统筹推进，使生态文明成为多伦的基础底色和未来引擎。

（三）坚持县委、政府主导，构建政策支持体系

要实现林业生态建设可持续发展，必须构建生态建设支持性政策体系作为保障。多伦县从封山育林到生态移民，从禁牧舍饲到退耕还林，都是以县委、政府为主导，制定一系列生态政策进行引导和推动，保证了各项生态建设工程得以顺利实施。与此同时，为了充分调动各个主体积极性，多伦县委、政府勇于进行生态建设管理体制改革的探索，按照规划产业化、建设市场化、经营资本化、技术标准化、监管统筹化的原则，从完善林业产权制度做起，通过明确所有权、放活经营权、落实处置权保障各个主体权益清晰，让各个主体能投入、敢投入。政府还通过创新投融资渠道，建立起了多元发展、规范高效、开放包容的建设管理经营机制，积极运用金融、保险、税收等政策工具，帮助经营主体解除后顾之忧，多种途径保护经营主体积极性，推动当地生态建设持续健康发展。

（四）保证企业主体地位，促进经济发展生态建设全面融合

林业生态建设投资大、周期长、见效慢，通过多种方式引导和鼓励各个主体积极参与林业生态建设，形成多元化投入格局是关键。没有国家、集体、企业、个人多元化投入格局的形成，单纯靠任何一方力量都无法实现持久，只有让各方主体充分发挥各自优势，形成互补，才能使林业生态建设持续推进。而在各方主体中，又要保证企业的主体地位，促使社会资金和先进技术向生态建设集聚，以此推动林业生态建设实现产业化，使企业成为"绿水青山就是金山银山"创新实践的重要推动者。生态建设不是一味地退耕还林还草，而是通过治理及循环产业开展各种经济

活动，从而实现生态治理的必要补充与有效延展，实现经济发展和生态文明建设的全面融合。

（五）增强农民主人翁意识，调动社会组织和公众共同参与

林地确权使农民成为不断增长的林木资源的所有者。通过享受退耕还林、生态奖补等补贴，通过市场化参与林业生态建设，使农民成为最直接的受益者。这些都充分调动了农民参与林业生态建设的积极性，也使他们成为生态建设最广泛的参与者和最坚定的支持者。与此同时，全县广大干部职工每年全员参加义务植树，形成良好的示范效应，通过积极宣传，影响县内外众多社会组织多种形式参与植树造林和生态建设，形成人人参与的强大合力，促进了当地生态建设持续健康发展。

（六）注重成果保护，强化制度建设

建设成果来之不易，成果保护至关重要。一方面，多伦县大力开展生态文明宣传教育，增强生态文明建设认同，形成了良好的社会氛围。另一方面，在认真贯彻执行相关法律法规和政策、落实生态保护补偿机制的基础上，不断完善生态保护修复制度和监管体系，建立健全生态综合执法体系和加大监督力度，推进林草资源资产清查与核算，落实生态考核及责任追究制度等，为有效巩固林业生态建设成果发挥了不可忽视的作用。

"三个转变"助力"草原明珠"重焕生机

——呼伦湖的生态治理实践

中共呼伦贝尔市委党校 王海卓

【引言】 自2013年以来，习近平总书记先后多次对呼伦湖生态治理作出重要指示批示。2019年3月，习近平总书记在参加十三届全国人大二次会议内蒙古代表团审议时强调，"必须遵循生态系统内在的机理和规律""要抓好内蒙古呼伦湖、乌梁素海、岱海的生态综合治理，对症下药，切实抓好落实"。2023年6月，习近平总书记在内蒙古考察时强调，"加快呼伦湖、乌梁素海、岱海等水生态综合治理"。十年的时间，多次重要指示批示，习近平总书记始终将呼伦湖的生态保护放在心间。

2018年，习近平总书记在全国生态环境保护大会上强调，"要从系统工程和全局角度寻求新的治理之道，不能再是头痛医头、脚痛医脚，各管一摊，相互掣肘，而必须统筹兼顾、整体施策、多措并举，全方位、全地域、全过程开展生态文明建设。比如，治理好水污染、保护好水环境，就需要全面统筹左右岸、上下游、陆上水下、地表地下、河流海洋、水生态水资源、污染防治与生态保护，达到系统治理的最佳效果"。这也为呼伦湖如何开展生态治理指明了方向。

一、背景

(一)"草原明珠"——呼伦湖流域概况

呼伦湖被誉为"草原明珠",位于呼伦贝尔大草原中部,地处新巴尔虎右旗、新巴尔虎左旗、扎赉诺尔区交接地带,呈不规则斜长方形。湖长约93千米,最大宽度为41千米,平均宽32千米,湖周长447千米。历史最大水面面积达2339平方千米,蓄水量为138.5亿立方米。呼伦湖是一个兼具内陆湖和外流湖双重特征的湖泊,水量和水质呈周期性变化,与呼伦湖相连的主要河流有乌尔逊河、克鲁伦河、呼伦沟河以及达兰鄂罗木河,其中呼伦湖的主要补给河是乌尔逊河、克鲁伦河与呼伦沟河。

呼伦湖有着悠久的历史,在我国的历史长河中留下了深刻的足迹。《山海经》中称呼伦湖为大泽,唐代称俱伦泊,《蒙古秘史》中称阔连海子,清代称库楞湖、呼伦池。东胡、匈奴、鲜卑、室韦、回纥、突厥、契丹、女真、蒙古等游牧民族都曾于呼伦湖繁衍生息。

千百年来呼伦湖作为草原母亲湖一直孕育着呼伦贝尔大草原上的生灵,它是中国北方地区重要的鸟类栖息繁殖地,是大洋洲及东北亚候鸟迁徙的驿站,是东部内陆鸟类迁徙的重要通道。同时,呼伦湖也被称为"草原之肾",不但拥有丰富的生态系统和充足的生态资源,还在调节气候、涵养水源、保持水土、防止土地沙化、维持生物多样性、维系周边草原生态平衡等方面发挥着不可替代的作用,具有重要的生态功能。作为我国北方面积最大的湖泊,它也与华北、东北、西北乃至全国的生态安全息息相关。

然而如此瑰丽而重要的呼伦湖却曾一度面临着严重的生态危机与环境问题。

(二)"明珠蒙尘"——呼伦湖流域生态环境面临的问题

20世纪以来,呼伦湖经历多次涨落周期变换。1962年,湖水持续上涨致使湖东岸双山子一带决口,形成一个面积147平方千米的大湖,人们称之为"新开湖"。1972年后,湖水逐渐下降,至1979年新开湖基本干涸。1984年流域内降水充沛,呼伦湖水位上涨,到1985年湖水又开始沿着故道东流,重新注入新开湖。受周期性干旱和人为活动影响,2000年至2012年呼伦湖进入持续干旱期,2001年起新开湖就与呼伦湖失去了水利联系。呼伦湖的水位也持续下降,湖面大幅缩减,湿地持续萎缩,野生动物锐减,流域生态安全告急。一方面,呼伦湖地区气候暖干化,持续干旱,注入呼伦湖的水量大幅度减少,加之湖水蒸发加剧,呼伦湖水位下降,蓄水量剧减。另一方面,环湖周边通过径流进入湖中的泥沙和盐碱逐年增加,使水体盐碱化,富营养化程度加剧。同时随着湖水水位的下降,湖边大面积的芦苇和湿地消失,湖滨沼泽干枯,部分湖底裸露,表面覆盖松散沙砾已经成为沙源,并在大风的作用下,向外扩展,湖区沿岸草原退化,沙堆隆起。呼伦湖周边地区的土壤具有土层薄、沙层厚的特点,植被一旦遭到破坏很容易发生沙化,且很难逆转。

呼伦湖水环境和湿地生态的持续恶化,无疑将加剧呼伦贝尔草原的退化、沙化。随之而来的呼伦贝尔地区的自然资源、生物多样性将遭到毁灭性破坏,东北乃至华北地区生态安全将受到严重威胁。对呼伦湖流域的恢复和保护已迫在眉睫。如何治理呼伦湖流域生态环境,成为呼伦贝尔生态环境保护的重大任务之一。

二、主要做法

呼伦湖生态综合治理是习近平总书记多次作出重要指示批示的重大生态工程，自治区党委和政府等各级领导也多次深入湖区实地调研督导。在习近平总书记的高度重视下，在内蒙古自治区的规划部署下，呼伦贝尔坚持推进生态文明建设，将呼伦湖生态环境保护与综合治理作为呼伦贝尔建设我国北方重要生态安全屏障的"一号工程"。自2013年呼伦湖生态环境综合治理攻坚战拉开序幕，十多年间呼伦贝尔始终坚持对呼伦湖进行生态保护与环境治理，在不断摸索的过程中，走出了一条呼伦湖生态治理实践的创新之路。

（一）"三个转变"——呼伦湖生态治理在路上

呼伦湖流域在长期实施生态保护修复工程的过程中，遵循生态系统内在的机理和规律、坚持自然恢复为主的方针，不断加大生态系统保护力度，统筹谋划、分步实施、系统推进整体保护修复工作，以"三个转变"为抓手开展呼伦湖生态环境保护与综合治理工作，努力将呼伦湖建设成水清岸绿、人水和谐、生态健康的美丽河湖。

1. 从"治湖泊"到"治流域"

呼伦湖流域面积广，覆盖中国、蒙古国两国水域，同时呼伦湖流域拥有湖泊、湿地、森林、草原、沙地等复杂多样的生态系统，流域生态环境保护与综合治理的难度很大，仅仅针对呼伦湖湖体进行治理并不能够解决流域生态环境问题的根本。如何打开呼伦湖流域生态环境保护与综合治理的突破口是呼伦贝尔所面临的首要问题。在"生态优先、绿色发展"理念的指导下，呼伦贝尔尊重生态系统的整体性及其内在规律，持续用力、久久为功，切实强化从"治湖泊"到"治流域"的转变。统筹推进"山水林田湖草沙"一体化保护和系统治理，以系统性的治理思路开展对呼伦湖流域的上下游、左右岸、陆上水下的综合治理。

一是呼伦湖流域水源保护与治理。呼伦湖流域实施呼伦湖生态补水工程、下游渠道护岸项目等水利项目，建立呼伦湖水资源配置和调度运行管理机制，编制实施《呼伦湖生态补水调度方案》，完善了新开河吞吐功能，为呼伦湖水环境持续改善和水量保持稳定创造了条件，进一步提升了生态补水能力。开展呼伦湖西岸及克鲁伦河沿线侵蚀沟生态治理、贝尔湖及乌尔逊河环境整治与生态恢复工程、呼伦湖水资源配置项目加固完善工程、呼和诺尔综合治理与生态恢复及新开河北段环境综合治理等综合治理项目，保障了呼伦湖上下游及支流的水质。在全面完成海拉尔区、满洲里市、牙克石市和扎赉诺尔区等 7 个环呼伦湖周边及主要入湖河流沿线污水处理厂一级 A 提标改造的基础上，进一步推进了 10 项呼伦湖流域生活污水处理厂再生水回用项目建设，有效降低了入湖河流的污染物负荷量。

二是呼伦湖环湖区域保护与治理。呼伦湖流域开展恢复环湖湿地生态，实施流域湿地与湖岸河岸缓冲带保护与恢复试点工程等治理项目。有效扩大了湿地面积，促进了湿地生态系统的修复与恢复，改善了野生动物栖息环境。实施环湖沙化土地治理、草地退化治理。呼伦湖周边实施草原禁牧和草畜平衡，呼伦湖自然保护区核心区内 57 万亩草场自 2020 年起全部禁牧。保护区内生态移民 471 户，切实加强了呼伦湖流域草原生态系统的保护。取缔关停周边全部餐饮旅游经营企业，清除各类经营设施 106 处、面积超过11万平方米。切实削减了人为干扰因素对流域周边生态环境的影响。

2. 从"工程治理"到"科学管护"

呼伦湖湖体面积大，流域水质问题成因复杂多变，治理任务艰巨，仅仅依靠治理工程项目并不能从根本上解决呼伦湖流域生态环境问题。要想解决呼伦湖流域生态环境治理的难点、堵点，对问题成因的分析应由表及里。治理方式、方法也要随着思想认识的不断深化而更加科学、精准。治理策略需要从"工程治理"向"科学管护"转变，追溯、探索呼伦湖流域出现生态环境问题的深层原因，精准施策。为更好地实现对呼伦湖流域的生态保护，呼伦贝尔设立了呼伦贝尔市北方寒冷干旱地区内陆湖泊研究院，积极引进培养高端技术人才，开展了大量课题研究，针对湖水水质成因、生态修复和生物多样性保护等方面内容深入开展科研合作，形成系统性的研究成果，为进一步科学规划和实施综合治理提供有力的科技支撑。

一是数字化为流域管护插上智慧的翅膀。为了更好地保护呼伦湖水域渔业资源与环境，维护水生生物多样性，提升对呼伦湖的科研监测能力和管护执法能力，呼伦湖流域实施了包括呼伦湖保护区监控系统及数字化平台建设、呼伦湖生态安全调查评估及保护区科学技术研究能力加强、呼伦湖蓝藻水华监测预警与应急处置试点等项目。在呼伦湖7400平方千米的重点保护区域内，围绕着9个管护站和5个核心区，共建设了29个大型监控视频塔台，有468千米的环形数据网络，在重点监测区建设了6个水质自动监测站和3个空气自动监测站，对呼伦湖保护区内进行24小时不间断监控。这些覆盖呼伦湖保护区全境的视频监控系统与数字化平台、先进的移动执法设备，犹如"千里眼""飞毛腿"，不但对各类违法行为形成了极大震慑，还为观测记录和救助野生动物提供了更多便利。

二是科研能力提升为流域管护提供了科学支撑。呼伦湖流域重点实施了渔业资源恢复及水生态治理项目。建成了濒危土著鱼类保护与繁育厂房、中心实验楼，配备了水源循环净化区、室外培育区及温室等配套设施设备，为呼伦湖水系土著鱼类的保护与繁育提供了条件。呼伦湖的研究区域从呼伦湖保护区范围内扩展至整个呼伦湖流域，科学研究也从单一的生物多样性监测，增至生物多样性相关的环境要素监测以及对于生态系统的演变机理研究。开展了呼伦湖水环境质量及水生生物调查、保护区高等动物基因库建设、流域面源污染遥感立体监测与污染防治措施等专项课题研究。推动全面掌握呼伦湖及其流域生态、水、土壤、沙等环境要素的基础数据，持续开展水生态调查、污染源解析、草原生态调查、区域生物多样性调查等基础研究。有效加深了对呼伦湖流域生态环境状况与演化规律的掌握，为综合治理提供了科学支撑。

3. 从"势单力薄"到"群策群力"

呼伦湖哺育了呼伦贝尔大草原上的生灵，也养育了呼伦贝尔的人民。要实现呼伦湖流域生态环境的常态化治理，就需要汇聚各种力量共同参与，尤其是提高群众保护环境的责任意识和担当意识，积极带动广大群众参与到呼伦湖环境保护工作中来，营造"人人参与、自觉维护"的良好氛围。

一是充分发动各方力量，努力实现呼伦湖全民共治、共管、共建、共享的目标。1994 年，呼伦湖自然保护区作为创始成员之一，中蒙俄三国共同组建 CMR 达乌尔国际自然保护区。近年来，通过充分发挥呼伦湖保护区作为"中俄蒙达乌尔国际自然保护区""国际重要湿地"以及"人与生物圈保护区网络"成员的独特优势，以国际保护区为平台的自然保护合作不断加深，持续开展鸟类卫星追踪、蒙原羚繁殖及种群数量调查、流域生态环境调查等工作，对外生态环境交流合作范围不断拓展。同时呼伦贝尔市北方寒冷干旱地区内陆湖泊研究院持续加强与中国科学院、中国环境科学研究院、生态环境部南京环境科学研究所、清华大学等科研院所和高校合作，共同组建了"呼伦湖草原生态试验站""呼伦湖湿地生态系统定位观测研究站"等合作研究机构。

二是积极发声，全民参与推动形成全社会共同参与呼伦湖生态建设的良好氛围。呼伦贝尔与内蒙古自治区内外主流媒体合作，对呼伦湖生态环境综合治理及生态恢复情况进行集中报道，营造了全民参与保护治理呼伦湖的良好氛围。新华网、人民网、央视新闻频道、新华社、内蒙古电视台等主流媒体分别以"呼伦湖水域面积创 17 年之最""综合治理让呼伦湖重现生机""呼伦湖生态环境综合治理稳步推进""春暖鸿雁归·朋自远方来"等题材集中报道了呼伦湖近年来生态环境持续向好发展的情况。呼伦贝尔开展呼伦湖保护区科普教育基地建设项目，充分发挥群众的智慧和力量，持续加大宣教力度。利用呼伦湖综合治理展厅和各基层管护站，引导社会各界及大中小学生参观学习和实地教学。组织开展"保护母亲湖 志愿者行动"，倡导保护母亲湖、保护绿水青山的生态环境保护理念。在日常工作中，呼伦湖保护区管理局管护站的工作人员还通过入户宣传、定期座谈、发放传单等形式，充分发动保护区内居民进行共同管理、共同保护，并针对重点人群、重点场所和重点时段进行全方面宣传。不断提高群众保护环境的责任意识和担当意识，将守护"母亲河"的思想，深深融入呼伦贝尔各族人民的血脉与灵魂。

（二）"重焕生机"——呼伦湖生态治理成果显著

2021年1月，呼伦贝尔市委托中国科学院生态环境研究中心对呼伦湖流域生态与环境综合治理方案的实施情况进行评估，评估报告指出，呼伦湖的水资源、水环境等治理目标均已达成，呼伦湖流域生态环境总体趋势向好。

1. 水资源保障能力有效提升

呼伦湖流域的水资源配置能力得到了进一步的完善，海拉尔河河岸防护能力提升，克鲁伦河入湖河段、新开河河道得到有效疏通，流域河湖水系连通性明显增强。呼伦湖水位与水面面积保持稳中有升。2016—2020年，呼伦湖水面面积在2019.0—2050.6平方千米之间，干涸十五年的新开湖已于2021年6月重新开始注水，封冰期前形成面积约110平方千米、水量约1亿立方米的明水面。截至2023年9月底，呼伦湖水面面积为2237.1平方千米，水量为134.6亿立方米，接近历史最高水平。

2. 人为污染负荷得到有效控制

流域内的人为污染负荷得到了有效的控制。通过坚持不懈地治理，呼伦湖流域内绝大部分生活污水和工业、生产废水得到有效处理，区域污染物产生量、排放量和入湖量明显减少。环呼伦湖城镇生活污水处理厂再生水回用率达到36.76%，污染物排放量与入湖负荷量的削减使区域生态环境压力显著降低，对湖区水质的不利影响逐步减小。以解决环湖矿坑、污水、垃圾等环境问题为导向实施的一系列环境整治工程，沿河湖旗市区污水处理厂中水一级A排放，实施村镇"四旁"等整治措施，有效地降低了入湖污染负荷。近年来，呼伦湖水质除化学需氧量和氟化物以外，总磷、总氮均处于国家五类水标准，其他指标均处于或优于三类水标准。人为活动对流域水环境的直接影响得到有效控制。

3. 流域生物多样性稳步提升

随着呼伦湖流域河湖滩地内的芦苇等水生植物明显恢复，退化的湿地生态系统逐步得到修复，迁徙和栖息在呼伦湖流域的珍稀鸟禽、哺乳动物也不断地增多。2015—2023年，呼伦湖自然保护区内记录到鸟类由333种增加至345种，其中包括国家一级保护动物东方白鹳和二级保护动物鹰鸮、凤头蜂鹰；土著鱼类由32种增加至39种；哺乳动物由35种增加至38种，呼伦湖保护区内的野生黄羊由最初救助的7只繁衍至种群数量达100只以上，发展成为呼伦贝尔地区最大的野生黄羊稳定种群。野生动物重新活跃、种群逐年扩大，都体现了呼伦湖流域生态环境持续向好，生物多样性稳步提升。

4. 流域管理体系建设不断强化

2013年起，呼伦贝尔先后将涉及呼伦湖流域管理的呼伦湖自然保护区渔政渔港监督管理局、呼伦湖水资源配置工程管理局、乌兰诺尔水库管理站3个机构整合并入呼伦湖自然保护区管理局，建立呼伦湖自然保护区联合执法、呼伦湖水资源配置调度运行等多项工作机制，不断加大呼伦湖流域综合执法力度。2015年8月起在呼伦湖自然保护区全面开展跨地区、跨部门综合执法全区试点工作，加强执法力量整合，持续开展"春封""清湖""秋封""守冰"等联合执法专项行动，形成对破坏自然资源违法犯罪行为的高压打击态势。

三、经验启示

呼伦湖流域生态环境保护与综合治理是一项艰苦卓绝的生态

工程。在习近平生态文明思想的指引下,呼伦贝尔坚持人与自然和谐共生,坚持系统思维,统筹推进山水林田湖草沙系统治理,坚定不移走生态优先、绿色发展的高质量发展新路子,坚持力度不减、干劲不松、标准不降、久久为功、持续发力。将呼伦湖这颗草原明珠重新擦亮,为湖泊流域治理工作体系提供了参考经验。

(一)坚持人与自然和谐共生。呼伦湖流域生态保护与综合治理的工作方向就是"最大限度减少人类活动的干扰和影响"。在立足于这一治理思路的基础上,通过呼伦湖生态补水和河湖渠连通等系列生态修复工程进行水资源调配。建设流域范围生活污水处理厂再生水回用项目,减少入湖污染负荷;开展保护区生态移民、环湖沙化土地治理等措施,为呼伦湖生态系统的自然恢复创造了条件。呼伦湖流域的生态保护与综合治理首先立足于呼伦贝尔人对于自然的尊重与热爱。在尊重自然、顺应自然、保护自然,始终坚持人与自然和谐共生的理念中,深刻认识到了生态环境保护的重要性,认清有了绿水青山才有金山银山,才能真正地将绿色融入血液,才能实现生态环境的有效保护。

(二)坚持系统思维,推进综合治理。呼伦贝尔坚持系统思维,突破"就湖治湖"的片面性,统筹"山水林田湖草沙"生命共同体系统保护与综合治理。将呼伦湖作为保障呼伦贝尔的生态安全的重要一环,将其与呼伦贝尔草原、大兴安岭森林生态系统的保护与治理进行有机结合。放眼于呼伦贝尔全域,不断推动流域治理工作走深、走实,治理路径日渐清晰。在十年间的治理过程中呼伦贝尔不断探索,统筹考虑湿地、沙地、草原和森林在区域生态系统中的作用及与河湖之间的关系,实施了一系列相关治理项目,全面推进呼伦湖流域综合治理。只有始终遵循生态系统内在的机理和规律,坚持综合治理、系统治理、源头治理,不断加大生态系统保护力度，统筹谋划、分步实施、系统推进整体保护修复工作，才能有效提升生态系统的稳定性和可持续性，实现对生态环境的保护与治理。

（三）端正政绩观，坚持生态优先、绿色发展。呼伦湖流域生态环境保护与综合治理牢牢地树立了生态优先、绿色发展的理念，展现了呼伦贝尔作为内蒙古最大生态功能区，为内蒙古生态保护贡献力量的决心。呼伦湖流域发展不能也不会走先污染后治理的老路、不走以牺牲生态环境为代价换取短暂经济发展的歪路，而是坚定不移地走以生态优先、绿色发展为导向的高质量发展新路子。呼伦贝尔始终将综合治理作为必须完成好的政治任务和必须担负起的政治责任，成立了市委书记任组长，市委副书记、市长和相关市级领导任副组长的呼伦湖生态综合治理工作领导小组，全面统筹综合治理工作。同时，将综合治理工作任务落实情况全面纳入相关旗市区党政领导班子年度考核体系，切实明确了工作任务、压实了工作责任。将绿色作为呼伦贝尔最为亮丽的底色，坚定不移地推进生态保护与环境治理。

（四）保持定力，久久为功。习近平总书记强调，建设生态文明是中华民族永续发展的千年大计。功在当代，利在千秋。呼伦湖流域生态环境保护与治理的十多年间的有力实践，证明了生态环境治理是一个需要长期努力、爬坡过坎、滚石上山的过程。呼伦贝尔面对呼伦湖流域治理中的种种困难与挑战毫不动摇，面对暴露的问题及时整改，始终坚持不断推进治理工作走深走实，才有了如今重焕生机的呼伦湖。只有坚定信念，以"功成不必在我"的精神境界和"功成必定有我"的历史担当，一任接着一任干，始终做到保持定力、久久为功，才能实现生态环境的持续向好。

守好一湖碧水，护好绿水青山，呼伦湖流域生态环境保护和综合治理不但是呼伦贝尔生态文明建设的缩影，也是筑牢我国北方重要生态安全屏障的重要任务，还是践行党的二十大报告中"推动绿色发展，促进人与自然和谐共生"的具体部署，更是遵循习近平生态文明思想的有力实践。

"塞外明珠"重现光彩

——乌梁素海流域生态综合治理的实践

中共巴彦淖尔市委党校　赵靖元　贾慧　赵俊峰

【引言】党的十八大以来，以习近平同志为核心的党中央高度重视生态建设。乌梁素海作为重要保护区，习近平总书记对其非常重视，多次对乌梁素海作出重要指示批示。2018—2022年，习近平总书记连续五年参加全国人民代表大会内蒙古代表团审议，每年都要强调内蒙古生态建设，其中4年都提到了乌梁素海。2018—2020年全国两会期间，习近平总书记在参加内蒙古代表团审议时都强调了对呼伦湖、乌梁素海、岱海等水生态综合治理。2021年全国两会期间，习近平总书记指出："乌梁素海我作过多次批示。现在看治理取得了明显成效，还要久久为功。"2023年6月5日，第五十个世界环境日，习近平总书记来到乌梁素海考察调研并强调："治理好乌梁素海流域，对于保障我国北方生态安全具有十分重要的意义。乌梁素海治理和保护的方向是明确的，要用心治理、精心呵护，一以贯之、久久为功，守护好这颗'塞外明珠'，为子孙后代留下一个山青、水秀、空气新的美丽家园。"

一、背景

(一) 乌梁素海的重要战略地位

由于独特的地理地位,乌梁素海在国际、国内,对于内蒙古、巴彦淖尔都有着十分重要的意义和独特战略地位。

1. 乌梁素海是深受国际社会关注的湿地系统生物多样性保护区

据统计,乌梁素海目前共有鸟类 260 多种、600 余万只,所发现鸟类的科数、目数占全国 64.20% 和 90.48%,目前世界共有八条鸟类迁徙通道,其中两条就在乌梁素海处交汇,使其成为欧亚大陆重要的候鸟栖息地和补给站,黑鹳、大鸨、金雕等珍稀鸟类都生存于此,在国际上具有重要意义。

2. 乌梁素海是构筑祖国北部防沙带的关键地区

乌梁素海地处贺兰山与阴山之间的西北季风通道,西临乌兰布和沙漠,北有巴音杭盖戈壁,南有库布齐沙漠,如果失去乌梁素海,三大沙漠极有可能相互连通,在中国北部形成新的沙尘暴策源地。

3. 乌梁素海是黄河生态安全的"自然之肾"

作为黄河改道形成的河迹湖,乌梁素海是黄河凌汛期中上游河段的重要蓄洪区、枯水期中下游的重要补给库。作为草型湖泊,每年有大量的农田退水经过乌梁素海降解净化后由乌毛计泄水闸统一排入黄河,避免了农业污水直排黄河,极大保障了黄河中下游地区的水生态安全。

4. 乌梁素海是内蒙古西部干旱半干旱地区的一盆"救命水"

作为内蒙古自治区第二大湖泊,乌梁素海每年通过蒸发向大气补水 3.6 亿立方米,通过入渗向地下水补水 0.66 亿立方米,对于调节内蒙古西部干旱地区生态环境与气候,维持生物多样性起着重要作用。

乌梁素海流域西边有腾格里沙漠、库布其沙漠、乌兰布和沙漠,三大沙漠以不可阻挡之势一年年东进。因为有了乌梁素海,沙漠止步于包头以西,保护了呼和浩特、包头的生态和气候。

5. 乌梁素海是巴彦淖尔市实现高质量发展的"保障地"

依靠着乌梁素海,巴彦淖尔市成为西北内陆水资源条件最好的区域之一,拥有了广阔的耕地。阴山则把这种潮湿水润限定在了河套平原这一区域中,阻挡了从蒙古高原南下的寒流,也阻挡了因黄河而产生的湿气北上,使得以南的河套平原拥有了丰富的水土光热资源,带动了巴彦淖尔市多项产业发展,是巴彦淖尔市经济社会发展的重要载体。

(二)乌梁素海面临的治理难题

20 世纪 80 年代初,乌梁素海水域辽阔、碧波千里、芦苇摇曳、鱼类资源丰富,依托良好的资源禀赋,当地大力发展渔业和芦苇种植业,并很快将其作为支柱型产业,带动了经济、医疗、教育等事业的发展,乌梁素海成为一块人人羡慕的宝地。然而,由于过度开发和缺乏有效的环境保护措施,乌梁素海的生态环境遭到了严重破坏,许多鱼类和珍稀鸟类绝迹,水质恶化。不仅影响当地生态平衡,也对周边居民的生产生活造成了影响。专家预测,再不进行抢救性的保护或治理,乌梁素海 40 年内可能消失。

1. 纸财政面对硬压力,生态经济两难全

乌梁素海以捕鱼和芦苇生产为主,由于自然资源丰富,每年生产芦苇可达10万多吨，尤其在芦苇价格一路高涨的20世纪80年代，一度催生和支撑了当地两个大规模的造纸厂，为当地产生了可观的经济效益。

当时乌拉特前旗全年的财政收入大约有4亿元，其中40%就来自这两家造纸厂，从事造纸产业的人员达到一万余名，直接推动了乌梁素海和乌拉特前旗的发展，为此当地有"纸财政"一说。

尝到了"纸财政"甜头的乌拉特前旗迅速招商引资，兴办造纸厂。至20世纪90年代，已经由之前的两个大型造纸厂发展成为两个大型造纸厂、一个中型造纸厂和一个小型造纸厂，还衍生出其他相关企业。随着企业的数量与规模越来越大，污水排放量也随之增长，远超乌梁素海的实际承载量。

从2003年开始，乌拉特前旗的"纸财政"遇到了环保的"硬压力"。仅2004年一年发生的纸厂废水污染黄河水事件就多达三次；在2006年，纸厂废水临时存放池又发生了决堤事件，导致许多村庄和大片的农田被淹没，芦苇产业的发展也因此出现了滑坡。在2008年，乌梁素海水域发生了一起范围达到8万多亩、持续时间近5个月的黄藻泛滥事件，造成了严重的水质污染，许多鱼类和珍稀鸟类死亡。

由于苇浆纸生产的污水一直没有达到标准，当地政府几经努力，几经挣扎，于2011年将造纸企业全部关停。

2. 治理之路多艰难，渔民生计难解决

将纸厂关停这一措施并没有达到预想的环境恢复、人民健康的良好效果，反而产生了一系列的新问题，芦苇销量直线下降，企业亏损，工人和周围渔民的收入大幅减少。

对此，当地政府积极联系了周边城市造纸厂，试图将芦苇外销以挽回损失，但好景不长，不久之后，造纸厂纷纷中止合作。究其原因，虽然乌梁素海的芦苇品质好、产量高，但路途较远，运输过程中不确定因素多，不能保证如期送达，且运费较高，造纸厂不愿意负担这笔额外支出。自此，乌梁素海的芦苇又陷入了滞销的境地。

芦苇经济的轰然倒塌使当地渔民失去了大部分的生活来源，很多人选择外出打工，剩下一些没有其他技能或者家庭原因无法离开的渔民只能靠着打渔和渔场的微薄补贴勉强度日。

2018年，巴彦淖尔市委提出将乌梁素海与市域发展紧密结合起来，统筹推进山水林田湖草沙系统治理。为了更好地保护乌梁素海水质与野生鸟类，作出了将禁渔期延长的决定，又一次让渔民的生活面临困境。乌梁素海渔场也因为没资金交社保致使一些本该退休的老渔民迟迟无法退休。

3. 多头管理漏洞多，问题解决找谁说

为了更好地治理，乌梁素海从农垦系统被整体划归水务系统管理，环境保护主要由内蒙古河套灌区管理总局负责，还涉及市旗两级的发改委、水务部门、环保部门、林业部门、农业部门、自然资源部门等部门，出现了多头管理、职责不明确、行事效率低等问题，导致很多问题解决无门。

二、主要做法

（一）分区治理有奇效，水天一色候鸟栖

2018年下半年，"内蒙古乌梁素海流域山水林田湖草生态保护修复工程"入选国家"十三五"第三批山水林田湖草生态保护

修复工程试点，至此乌梁素海流域生态综合治理保卫战正式打响。

根据综合治理流域内不同的自然地理单元和主导生态系统类型，当地将乌梁素海流域分成乌兰布和沙漠、河套灌区农田、乌拉山、阿拉奔草原、环乌梁素海生态保护带、乌梁素海水域 6 个生态保护修复单元，针对各单元主要生态问题，精准施策，针对性地进行了解决。

1. 乌兰布和沙漠综合治理

针对沙区生态系统脆弱、土地沙化极易反弹等问题，巴彦淖尔市通过草方格沙障固沙、滴灌浇水、机械平整沙丘等方式进行防沙治沙，保持土壤湿度。对于沙漠不断东移，防沙带屏障还不牢固的问题，通过"锁边"的治理模式，在乌兰布和沙漠东部进行了大规模改造，种植了大量树木，形成了纵深推进、前挡后拉、全面保护的立体防沙系统；在黄河附近、农田周围、道路两旁种植了防护林，进一步遏制了流沙的蔓延，保护了生态与基础设施；在沙漠腹地修建了总长约 100 千米的穿沙公路，开辟了超级牧场，发展各种沙漠农业和沙漠旅游业，把让人头疼的黄沙变成了增收致富的宝地。

2. 河套灌区农田综合治理

作为国家重要粮食产地，拥有良田千亩的河套灌区也面临着产生面源污染和耕地土地盐碱化的问题。巴彦淖尔市通过排干沟污泥疏浚、建设多塘净化系统、生态补水等工程，提升排干沟水质，减少了入湖污染物，并积极开展农业"四控"（控肥、控药、控水、控膜）行动，防止盐碱地沙化，威胁乌梁素海流域的生态安全。

2019 年 7 月，习近平总书记在内蒙古考察时指出，乌梁素海治理坚持山水林田湖草系统治理，实施控肥、控药、控水、控膜行动，既减少了农业面源污染，改善了入湖水质，又促进了农产品品质提升，一举多得。习近平总书记对治理工作进行了充分肯定。

3. 乌拉山生态保护修复

乌拉山土壤贫瘠，干旱少雨，属于生态极脆弱地区。加之前些年受利益的驱使，很多人开山采矿，局部山体被掏挖得千疮百孔，对生态造成严重破坏，被矿山侵占的草原总面积近3万亩。

此外，山体上还散布着一座座巨型"尾砂库"，被当地人称为"尾矿库"。尾砂就是选厂磨选铁粉之后剩下的废料，里边有泥土、碎石、沙子和其他不明成分的废料。这些尾砂库体量庞大，风一吹沙尘飞扬。

针对乌拉山矿山环境问题突出、林草植被退化、水土流失严重这些问题，巴彦淖尔市开展了矿山回填、地质灾害整治和植被恢复等工程，改善了乌拉山受损山体的地质地貌环境，提高了水源涵养功能。

4. 阿拉奔草原生态保护修复

针对草原退化和水土流失严重问题，巴彦淖尔采取了撒播草籽、围栏封育、禁牧等措施，将自然恢复与人工恢复相结合，减少入湖污染物和泥沙量的同时还能起到防风固沙的作用。

5. 环乌梁素海生态保护带治理

针对环乌梁素海生态保护带功能退化问题，巴彦淖尔在湖滨带建设水源涵养林，对生态脆弱的固定半固定沙丘进行撒播草籽、围栏封育，建设鸟类繁殖保护区，实施湖区河口自然湿地修复与人工湿地构建工程，在芦苇密集分布区域打通输水通道、疏浚污泥，提升了滞水区域的水动力条件。

同时，对周边重点区域内4个苏木镇、3个农牧渔场的78个村组实施了综合整治。通过"厕所革命"、生活污水治理、畜禽粪污资源化利用等方式，确保生活污水不再排入乌梁素海湖内。

6. 乌梁素海水域生态系统保护修复

针对乌梁素海污染严重、水面萎缩等问题，从源头遏制和水质净化两方面入手。在乌梁素海的污染中，80%来自外源污染，20%来自内源污染。对于外源污染，当地通过农田治理、污水处理厂提标改造等方式防止污水流入乌梁素海。对于内源污染，则通过清淤工程、芦苇再利用等方式进行治理。现在乌梁素海的芦苇已被用于芦苇画、建筑材料等产业，以芦苇为主要基础原料的木耳养殖产业也已经初见成效。之前被诟病的芦苇淤泥也被用于培植土壤、加固围堰，为乌梁素海人工岛屿和绿化提供原材料和养料。

此外，对于水质严重富营养化的乌梁素海，当地还进行了生态补水工程，在改善水质富营养化问题的同时还能减轻黄河下游特别是包头段的防洪压力，缓解乌兰布和沙漠地下水位下降，对河套灌区地下水进行补给。2007—2021年，累计向乌梁素海生态补水36.48亿立方米，相当于260个杭州西湖的蓄水量。

在多年的生态治理和恢复中，生态环境得到了显著的改善。2019年，乌梁素海总体水质已达Ⅴ类。现有已知鱼类20多种，鸟类260多种600多万只，其中包括国家一级保护动物斑嘴鹈鹕、国家二级保护动物疣鼻天鹅、白琵鹭等，尤其是疣鼻天鹅的数量已经从2000年的200余只增加到了现在的近千只。

（二）治理发展两手抓，致富利民人人夸

如果一味地依靠管理，而忽视了经济发展，将会使社会问题更加严重。因此，我们必须在"发展中保护、在保护中发展"，

实现以保护促发展，保护与发展两手抓。依托独特的资源优势，巴彦淖尔市确定了"两个基地""四个集群"的工作方向，在这一战略的引领下，当地积极推动现代农业、生态旅游、芦苇加工等产业发展，成效显著。此外，乌梁素海山水林田湖草生态保护修复工程作为中央支持的试点之一，采取的是由中央财政支持基础奖补资金，市级政府统一实施、建章立制，社会资本联合体建立基金开展"设计—建设—投资—运营—移交"的模式。这种区别于"财政出钱、财政买单"的传统生态环境治理模式，通过引入市场资本盘活生态产业化资源要素的做法，改变了过去只输血不造血的情况，增强了生态产业化的可持续高质量发展。

乘着这股发展的春风，有关部门还为乌梁素海量身制定了渔民上岸政策。对在禁渔期内的渔民，有的会在乌梁素海渔场内进行安置，有环卫、树木养护、海域巡护与管理等岗位，一部分会安置到旅游景区，另一部分则会被安置到新建的产业园区中，园区还能分流一部分乌梁素海渔民的子女就业，进一步解决了禁渔期渔民的生计问题。

（三）多方参与齐发力，塞外明珠谱新篇

山水林田湖草沙一体化保护和系统治理，关键是要破解"种树的只管种树、治水的只管治水、护田的单纯护田"的"九龙治水"问题。

巴彦淖尔认真贯彻落实《关于构建现代环境治理体系的指导意见》，构建党委领导、政府主导、企业主体、社会组织和公众共同参与的现代环境治理体系，形成了多方参与的多元共治局面，极大改善了多头治理情况。

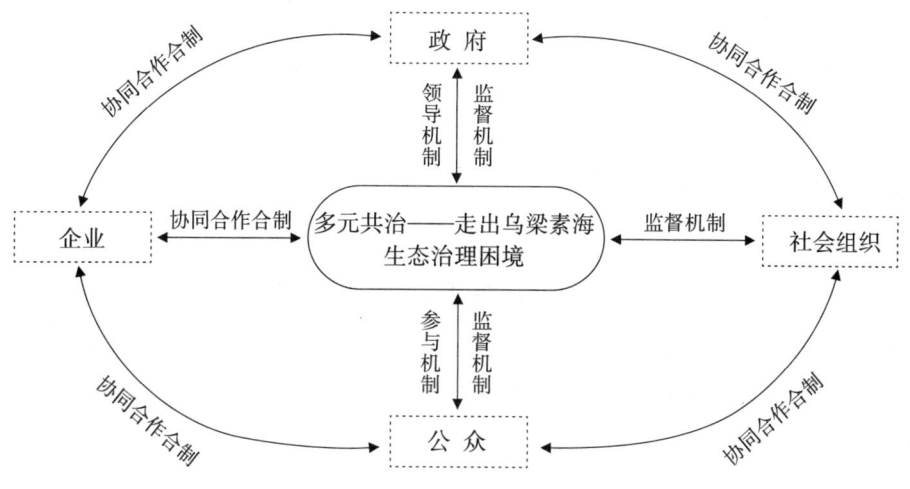

乌梁素海多元共治路径图

1. 中央政府：顶层设计者+督查者

2010年4月27日，由国家发改委牵头，22个部委共同研究拟定的《关于乌梁素海湿地保护与发展有关问题的报告》报送国务院，引起了国家领导人的重视，并对乌梁素海流域综合治理根本性、长远性、大局性的生态环境治理任务进行全面部署，并进行了多轮巡视巡察，对乌梁素海流域综合治理起到了监督优化作用。

2. 地方政府：主导者+协调者+监管者

巴彦淖尔市政府成立了乌梁素海保护中心进行相关工作的协调调度。2019年机构改革后，之前隶属于林业局的巴彦淖尔市乌拉特国家级自然保护区管理局（巴彦淖尔市乌梁素海湿地自然保护区管理局）改为由林业和草原局管辖，主要负责乌梁素海地区自然生态系统和生物物种多样性保护，开展自然保护科学研究、宣传教育等。同时，设立了市生态环境保护综合行政执法支队，将生态环境执法权统一收回市一级，避免多头执法问题。

乌梁素海生态保护中心与中国环境科学院共同建设了一个面积约1万平方米的湖泊水域试验区，通过原位生物修复技术，获取关键技术参数，为乌梁素海内源治理提供了理论支持。目前，此项研究已经有了阶段性的成果，在实验完成后将会得到广泛推广。

在注重生态效益的同时，地方政府积极引导企业合理开发与利用资源，协调好生态效益、经济效益与社会效益，为其他主体参与环境治理提供了良好平台。

3. 企业：行动者+创新者

企业作为环境治理中的重要行动者与创新者，其生产经营活动密切影响着周围的环境。在乌梁素海生态环境治理中，内蒙古积葭科技新材料有限公司投资1.7亿元建设了水生植物资源化综合处理工程（无醛芦芯板项目），以乌梁素海丰富的芦苇为原料，生产家居制品重要基础材料环保无醛芦苇刨花板，项目建成投产后，每年可消耗芦苇15万吨左右，年销售额可达3.3亿元，在拉动本地经济、提供就业岗位的同时还能减少对木材的砍伐。

4. 社会组织：协同参与者+监督者

独立于政府、企业以外的社会组织是生态环境治理中的第三种力量，以其专业性、社会性和灵活性，在一定程度上可以弥补生态环境治理中的"市场失灵"和"政府失灵"。乌拉特前旗志愿者协会负责组织的"乌梁素海清源行动"志愿服务项目多次积极参与乌梁素海生态环保宣传与水源治理，取得了良好效果。

5. 社会公众：协同参与者+监督者

习近平总书记多次强调，民心是最大的政治。新修订的《中华人民共和国环境保护法》中也明确规定了"公众参与"原则。

在乌梁素海流域的综合治理中，当地积极鼓励公众参与到治理之中，发挥主人翁精神。建立了各种监督举报制度并积极向社会公众普及环境与生物保护的重要意义与相关知识。仅2021年，农牧民群众救护的野生鸟类数量就有150多只。

通过政府、企业和社会的共同努力，乌梁素海的治理取得了显著的成效。水质得到了明显改善，局部区域的水质甚至优于V类标准。生物多样性也得到了恢复，许多珍稀物种重新回到了这片湿地。同时，随着生态环境的改善，乌梁素海的水面面积也稳定在293平方千米，为周边地区提供了重要的生态服务。

乌梁素海的治理成果不仅为当地居民带来了生态福祉，还为游客提供了一处迷人的自然景观。如今，这颗"塞外明珠"正以其独特的魅力吸引着越来越多的游客前来探访、欣赏。

三、经验启示

（一）树立人与自然生命共同体理念

人与自然生命共同体理念遵循历史唯物主义的基本逻辑，将马克思主义普遍原理同中国特色社会主义的具体实际有机结合，同"天人合一""道法自然"等中华优秀传统文化有机结合，实现了对马克思主义生态文明思想的中国化表达。在新的时代背景下，习近平总书记把生态文明建设融入政治、经济、社会、文化建设的全过程，形成一系列具有中国特色的新理念新思想新战略，进而构建起更加系统、科学、完整的理论体系，是马克思主义中国化时代化的重大成果，开辟了21世纪马克思主义人与自然关系思想的新境界。

乌梁素海流域系统治理,联动岸上岸下、上游下游,加强"山水林田湖草沙"要素之间的联系,增强生态系统连通性,整体优化水污染治理、水源涵养、防风固沙、水土保持、生物多样性保护和农牧产品供给等多重生态系统服务功能,是当前生态安全屏障建设的重要任务,也是乌梁素海流域山水林田湖草生态保护修复试点工程的重要特色。从生态、生产、生活过程入手,以提升农产品质量和生态系统服务功能为着力点,将山水林田湖草沙与人类之间的关系通过生态耦合的原理进行有效联通,增加生态系统的多样性,提高系统的自我修复能力,以此来实现生态系统的健康可持续性发展,不仅对黄河流域和华北地区生态安全发挥了积极作用,更对我国乃至全球生态修复的本地化应用提供了示范和借鉴,成为彰显人与自然生命共同体理念的生动实践案例。

(二)践行"绿水青山就是金山银山"理念

生态兴则文明兴,生态衰则文明衰。新征程上,我们要始终筑牢和践行"绿水青山就是金山银山"的发展理念,在绿色发展中打牢高质量发展的底色,坚定不移走生产发展、生活富裕、生态良好的文明发展道路,推动实现更高质量、更有效率、更加公平、更可持续、更为安全的发展,努力建设人与自然和谐共生的现代化。

从马克思主义价值论来看,绿水青山转化为金山银山的价值来源在于人类劳动和生产活动,以及社会生产关系的组织和调整。首先,自然生态产品的价值来源于使用价值和生产关系调整(产权让渡)。自然生态产品的使用价值是指人类从生态系统中获取的直接或间接利益,包括食物、水源、木材、药物、风景、休闲娱乐等。生产关系调整(产权让渡)指将资源的所有权或使用权从一方转移给另一方的过程,涉及资源的所有权和管理方式。通常自然生态产品的所有权归国家或集体所有,其价值来源就在于使用权的让渡,可以通过付费或者付出劳动获取更好的自然生态产品提供的服务和功能。其次,劳动的生态产品价值来自人类劳动。在绿水青山转化为金山银山的过程中,人们通过劳动花费社会必要劳动时间来开发和利用自然资源,使其具有经济价值。最后,生态商品的价值由生产该商品所需的社会必要劳动时间来决定。维护绿水青山所需的社会必要劳动时间涉及多个方面,包括政府、公共部门、社会组织在对相关设施进行建设、维护和运营时所花费的时间。

在乌梁素海流域综合治理过程中,通过山水林田湖草沙系统治理,一体化保护修复,进一步助力了乡村振兴,美化了人居环境。正在进行的厕所革命不但减少了污染,还提升了农村牧区卫生厕所普及率和生活垃圾收运处理能力。正在进行的渔民上岸行动不仅保护了乌梁素海流域的生态安全和物种多样性,还解决了乌梁素海传统渔民的生计问题,提升了他们的生活质量。引入企业在提供就业岗位的同时,也能够将现有资源合理利用产生经济效益。这一系列亲民、惠民、利民的举措深刻彰显了"绿水青山就是金山银山"理念在巴彦淖尔的生动实践。

(三)坚持"一以贯之 久久为功"理念

坚持一以贯之、久久为功的理念,是中国共产党长期执政的重要保障。习近平总书记强调,我们的责任,就是要团结带领全党全国各族人民,接过历史的接力棒,继续为实现中华民族伟大复兴而努力奋斗,使中华民族更加坚强有力地自立于世界民族之林,为人类作出新的更大的贡献。新征程已开启,制定政策要一张蓝图绘到底，领导干部接过的是责任的接力棒。要发扬吃苦耐劳精神、水滴石穿精神，认定目标，保持工作的连续性和稳定性，确保做一件成一件、抓一桩成一桩、干一样成一样，不为任何困难而退缩，不为一时劳苦而气馁，不为一次失败而放弃，坚持以钉钉子精神狠抓工作落实，取得实实在在的成效。

山水林田湖草沙共治，人与自然和谐共生，需要一代一代人接力，既要有决心，更要有耐心、恒心。从2008年起，巴彦淖尔市开始对乌梁素海进行综合治理，采取多项措施推进治理工作，到现在仍然在持续推进。在这十余年中，曾走过一些弯路，也积累了很多经验教训，但总体来看，一直在朝着让塞外明珠重焕光彩的目标努力前行，对于全球干旱区湖泊治理具有重要示范价值。

良好的生态环境是最公平的公共产品，是最普惠的民生福祉，也是实现共同富裕的基础。近年来，我国乃至全球一直在寻求更科学、可持续的生态环境治理之道。作为全国规模最大的生态修复工程，乌梁素海综合治理体现了内蒙古坚定不移走以生态优先、绿色发展为导向的高质量发展新路子，积极主动发挥生态优势、区位优势与政策优势，展现了在保护生态环境和推动高质量发展中的内蒙古担当。

昔日荒山秃岭　今朝花果飘香
——七合堂走生态立村之路的生动实践

中共赤峰市委党校　刘俊杰

【引言】党的十八大以来，以习近平同志为核心的党中央把生态文明建设摆在全局工作的突出位置。习近平总书记始终高度重视内蒙古的生态文明建设，多次对内蒙古生态文明建设作出重要指示批示。2014年，习近平总书记到内蒙古调研时指出，保护好内蒙古大草原的生态环境，是各族干部群众的重大责任。2019年，习近平总书记在参加十三届全国人大二次会议内蒙古代表团审议时强调"加强生态文明建设"，首次就生态文明建设的重要地位作出了"四个一"的重大论断。2020年，习近平总书记强调，持续打好蓝天、碧水、净土保卫战，把祖国北疆这道万里绿色长城构筑得更加牢固。2021年，习近平总书记强调，要统筹山水林田湖草沙系统治理，这里要加一个"沙"字。习近平总书记专门把"沙"纳入其中，一字之增，进一步拓展深化了系统治理的理念。2023年，习近平总书记在内蒙古考察时再一次强调，筑牢我国北方重要生态安全屏障，是内蒙古必须牢记的"国之大者"。要统筹山水林田湖草沙综合治理，精心组织实施京津风沙源治理、"三北"防护林体系建设等重点工程。

一、背景

林西县位于赤峰市北部,地处西辽河上游,大兴安岭南段。林西县自古就是连接南北交通的驿站,有"塞北重镇"之誉。近年来,林西县依托自身优势,着力打造草原首驿,多彩林西,推进乡村振兴、五城共建、工业转型、市场升级、文旅融合五项重点工作。本案例中的七合堂村就坐落在林西县新城子镇北端,村庄恰好处在一条平均宽130多米狭长的山沟里。在产业发展方面,曾经的七合堂村基础薄弱,经营形式单一,以养羊种植为主,种植效益低。1990年前后全村农户自发地掀起了养羊的高潮,全村仅羊的饲养量增到3000多只,散撒乱放的粗放经营方式,致使全村近2万亩的山杏林和良好的生态植被严重破坏。全村水浇地不足200亩,其余耕地为25度以上坡耕地,粮食种植收成主要靠天吃饭,粮食生产不能满足村民的生活需要,是典型的国家贫困村。在自然资源方面,全村总面积为32320亩,耕地面积6108亩。现有天然山杏林1200亩,落叶松面积7000亩,果树面积4630亩。在人口方面,截至2023年底,全村户籍人口共有351户719人,常住人口177户368人,外居户174户351人。在党员构成方面,全村党员84名,常住党员49名,流动党员35名,党员平均年龄47.6岁。

穷则思变,七合堂村面对发展中的难题,主动求变,通过带头人引领示范、科学规划、政策扶持和村民积极参与,改变了过去贫穷落后的面貌,几经磨难,有了天翻地覆的变化。七合堂的山变绿了,经营多样化了,生活现代化了,昔日荒山秃岭,今朝花果飘香。七合堂村的生态环境好了,经济社会发展水平随之不断提高。

二、主要做法

(一) 封山禁牧,再造绿水青山

七合堂村"两委"班子认识到环境被破坏就没有出路,所以痛下决心,把全村 3000 只山羊一次性处理掉,对 3000 多亩流域治理工程和 1 万多亩山杏林进行了封山禁牧,在全县率先实现全面封山禁牧。七合堂村"两委"班子确立了"先绿起来、再治起来、后富起来"的治村策略。封山禁牧后,把土地、荒山、林地的经营权放活,在全县率先实行土地流转的有益探索,最早有 7 户党员干部带头进山,并将荒山、土地、林地自由置换到自己的房前屋后,形成庄园式的经营模式。然后,因地制宜搞栽植,对准市场调结构,向生态效益要经济效益。经过一系列举措,20 多年的坚持,最终形成了"阳坡满山杏,阴坡尽是松,山下野果满地红"的生态景象,曾经的秃山荒岭又披上了绿装。

(二) 抓住市场机遇,发展林果产业

随着人民生活条件的不断提升,人们对健康绿色食品的需求不断增长,如何发展产业,造福百姓,这是村"两委"关心的头等大事。选好产业方向,向市场要效益是解决问题的突破点。村"两委"班子为了寻找到一个能够适应本村发展的产业,对发展吉红"123"小苹果进行了全方位的考察论证,确定了发展果树作为本村经济发展的重要支柱。村"两委"班子为了解决村民种

植果树的诸多难题，经多方奔走，在引进苗木、派相关技术人员跟踪指导、定期培训果树栽培技术方面得到了众多领导和单位的支持。在重点栽植吉红"123"的基础上，培育了 K9、安国梨、黄太平等 10 余个消费者青睐的品种，推行"三统一"的经营模式，闯出了"内蒙野果"的品牌。据七合堂村党支部书记邓爱军介绍："内蒙野果目前通过合作社及经销商已销售到缅甸、泰国等东南亚国家，2014—2017 年销售到缅甸 1300 万斤、泰国 800 万斤，每斤的平均价格是 3 元。"在开发新品种的基础上加强延伸产业链条，提高果品附加值。

（三）依托环境优势，发展生态旅游

野果不仅让七合堂村的农民增了收，也让无人问津的"老山村"改变了模样，因为种植野果，封山育林得以落地，生态环境由此得到很大改善。村"两委"班子带领全村群众筹划实施内蒙野果采摘、农家乐、原始村庄生态旅游，支起野果"灶"，做起旅游"饭"。利用七合堂村的独有优势，先后实施了 9.1 千米生态旅游通村公路，把村里的产业、传统民俗、山水资源等与旅游事业有机融合，协调发展。截至 2019 年，七合堂村已开办农家乐 4 处、娱乐场 1 处，赏花节、采摘节、农民文体艺术节成为七合堂村的固定节目，并依托漫山果树建起了游客采摘园，把种植经济作物和旅游观光相结合，不断实现现代农业产业与休闲观光旅游的融合发展，年接待游客 10 万人次以上。

（四）党员示范带头，合作经济巩固拓展

党员带头作用在七合堂村的发展中得到了充分体现。1991 年，发展果品种植，村"两委"班子成员发动党员率先栽种果树，最初以村干部和党员为主体发展果树100亩，老百姓把它命名为"百亩党员示范果树林"。1996年，百亩党员示范果树林进入初果期，亩均收入比种植其他农作物收益高3倍多。村民们都开始发展林果业。2010年4月，在内蒙野果协会的基础上注册成立了"九佛山"野果种植专业合作社，现有社员286户。2011年，合作社成立了党支部，党支部引导协调，注册"九佛山"商标，推行技术服务、经营管理、仓储销售"三统一"的合作经营模式，为产品进入市场、提升发展质量创造条件。同时，合作社党支部注重发挥能人党员在生产经营、技术服务、市场营销、特色养殖、扁杏嫁接、牧草产业等领域的先锋模范作用，下设6个党小组，31名党员在17个先锋岗中"设岗定责"，利用所掌握的技术和市场资源，承担技术指导协调、品质规格监管、农商对接经销等具体工作，发挥引领带动作用。

由镇党委牵头，以七合堂村为基地，成立九佛山野果富民联合党委，融合农村、机关、企业、合作社等22个成员党组织，覆盖党员1233名。联合党委坚持以强带弱、以大带小，在与七合堂村毗邻、地形相似、生态条件相同的海棠湖村、枕头沟村、小城子村、大金沟村以党建融合发展引领"七合堂再造"工程，促进抱团发展，形成"雁阵效应"，为乡村振兴奠定了坚实基础。

经过几十年的建设发展，七合堂村山更绿了，百姓更富裕了，社会更文明了，取得了明显成效。七合堂村的森林覆盖率大幅提升，达到了85%，年产水果2000万斤，以饲草和草籽收购为主的商贸经济繁荣，2022年村民年人均收入2万元左右。2023年，在任的村党支部书记在接受记者采访时讲道："党支部带头干，成立了合作社，带动农户引进了产业，知名度也有了，水果也都能卖到了东南亚，在越南旅游的时候吃到了新城子的水果，去年咱们村人均收入在15000元左右，现在可以说是环境也美了，钱包也鼓了，年轻人也都回来了。"七合堂村的绿色发展模式不仅带动了当地经济的增长，还提升了村庄的知名度。该村先后被授予"全国生态文化村""全国国土绿化突出贡献村""全国绿色小康村"等光荣称号，成为了绿色发展的典范。

三、经验启示

（一）转变发展观念，实现生态与经济双赢

习近平总书记多次讲强调保护生态环境就是保护生产力，改善生态环境就是发展生产力。林西县委、县政府及新城子镇委、镇政府认真贯彻落实习近平总书记的"两山理论"，七合堂村在产业发展上，从传统的以牺牲环境为代价的发展模式，转变为注重生态保护与经济发展相结合的模式。通过发展林果产业和其他特色种植养殖业，村庄实现了产业结构的优化和升级，不仅提高了经济效益，还促进了生态环境的改善。七合堂村引进适宜的果树品种，发展果园经济，既增加了村民的收入，又改善了土壤和水源条件，实现了生态与经济的双赢。七合堂村还非常注重加强生态环境保护与修复工作。通过实施退耕还林还草、封山禁牧等措施，村庄的森林覆盖率得到了大幅提升，生态环境得到了明显改善。同时，村庄还加强了对水资源的保护和管理，确保了生态环境的可持续发展。这些举措不仅保护了村庄的生态环境，也为经济的长期发展提供了有力保障。这启示我们，绿色发展是可持续发展的必然选择，只有坚持生态优先、绿色发展，才能实现经济效益和生态效益的良性循环。

（二）立足资源优势，发展特色产业

七合堂村地处山区，拥有得天独厚的气候、土壤等自然资源条件，这为发展林果产业提供了坚实的基础。七合堂村立足山区资源优势，选择适合当地气候和土壤条件的果树品种，发展特色经济林产业。创新是推动特色产业发展的关键，七合堂村在发展林果产业的过程中，注重技术创新和经营管理模式的创新，这使得村庄的林果产业在激烈的市场竞争中脱颖而出。因此，我们应该注重创新，不断探索适合本地特色的产业发展模式，提升产业的附加值和市场竞争力。这启示我们，发展绿色产业要立足本地资源优势，选择具有市场竞争力的特色产业，并通过科技创新和人才培养提升产业水平。

（三）推进产业化经营，实现产业链延伸

七合堂村在绿色产业发展过程中，注重推进产业化经营，通过引进企业、建设深加工生产线等方式，实现了果品就地转化增值。七合堂村选择了林果产业作为主导产业，并通过不断引进新品种、推广新技术，提升产业的整体竞争力。七合堂村不仅注重林果种植环节的发展，还积极延伸产业链，发展果品加工、销售等相关产业，形成了完整的产业链条。七合堂村在推进产业化经营的过程中，非常注重品牌建设，通过提升产品质量、加强品牌宣传等方式，打造出了具有地方特色的林果品牌。同时，积极开拓市场，拓宽销售渠道，将产品销往全国各地，甚至出口到国外。这启示我们，在推进产业化经营时，应注重品牌建设与市场开拓，提升产品的知名度和美誉度，扩大市场份额，为产业链延伸提供有力支撑。

（四）政府引导与群众参与相结合

七合堂村在推进产业化经营的过程中，得到了政府的大力支持和科技部门的指导帮助。政府加大对地方特色产业的支持力度，制定优惠政策，提供技术支持和市场信息等服务，为特色产业的发展创造良好的环境。科技部门提供了技术指导、培训等服务，为七合堂村的产业化经营和产业链延伸提供了有力保障。这启示我们，在推进产业化经营时，应加强与政府、科技部门的合作与沟通，争取更多的政策支持和科技支撑，为产业链延伸创造更好的条件。

民营资本与生态建设
——苏人牧场利用民营资本进行荒山治理的生动实践

中共赤峰市委党校　王宗美

【引言】2005年8月，时任浙江省委书记的习近平同志在浙江湖州安吉考察时，提出"绿水青山就是金山银山"的重要科学论断。2017年10月18日，习近平总书记在党的十九大报告中指出，坚持人与自然和谐共生。必须树立和践行绿水青山就是金山银山的理念，坚持节约资源和保护环境的基本国策。2021年10月12日，习近平总书记在《生物多样性公约》第十五次缔约方大会领导人峰会视频讲话中提出："绿水青山就是金山银山。良好生态环境既是自然财富，也是经济财富，关系经济社会发展潜力和后劲。我们要加快形成绿色发展方式，促进经济发展和环境保护双赢，构建经济与环境协同共进的地球家园。"绿水青山就是金山银山的理念是习近平生态文明思想的重要内容。

一、背景

内蒙古苏人牧场农业发展有限公司（简称"苏人牧场"），

是内蒙古锦华集团旗下全资子公司，成立于2018年5月。公司主体项目位于赤峰市林西县新林镇，项目区覆盖新林镇湖泗汰、毡铺和八一3个行政村，跨越上述地区30余个小流域。新林镇位于赤峰市林西县北部，地理位置东经117°56′，北纬43°51′。地处林西北部乡镇腹地，镇政府驻地新合村距县城56千米。东与五十家子镇相邻，西接统部镇，南与官地镇毗邻，北与锡林郭勒盟西乌旗接壤。东西长50千米，南北宽25千米，总面积508平方千米。全镇现辖11个行政村（毡铺村、新合村、鹿山村、七一村、太平村、五星村、大勿兰村、上升村、八一村、大坝村、湖泗汰村），下设68个村民小组。户籍人口7258户2.3万人。新林镇地处大兴安岭余脉，地势西高东低。地形为浅山丘陵区。主要山脉有鸡冠子山、三棱山等。

新林镇资源禀赋和生态环境较差，属温带大陆性季风气候，冬季寒冷而漫长，夏季炎热而短暂，昼夜温差较大。同时新林镇作为蒙东地区典型的荒漠化丘陵山区，近几十年来，由于天气干旱和过度放牧，致使山上沟壑纵横，风沙弥漫，水土流失严重。人们不堪其苦举家远迁到他乡，甚至整村搬迁。尤其近年来降雨量逐年减少，地下水位连年下降，人们赖以生产的机井陆续抽空，水浇地面积逐步收缩，人们最基本的生产和生存条件越来越差，收入越来越低，严重制约了地方的发展，逐步挤压了人们的有效生存空间，生态环境亟待恢复。

苏人牧场荒山治理项目覆盖范围比较广，横跨3个行政村。由于村民对项目的发展前景、获得的经济收益以及对经营者的信任存在诸多不确定性，土地流转存在一定难度。荒山治理难度较大，新林镇作为内蒙古东部地区典型的荒漠化丘陵山区，常年干旱，水资源匮乏，导致种树成活率比较低，再加上人为砍伐、牲口啃咬，几十年植树造林下来，成效甚微。

二、做法与成效

（一）主要做法

1. 完善项目周边基础设施建设，为造林工程打基础

为解决当地水资源匮乏，种树成活率较低的问题。自项目成立开工以来，苏振泉带领苏人牧场团队投入巨额资金修建进山水泥公路 2.5 千米，项目作业路 100 多千米，建成 3—3.5 千米高压输电线路三处。新打深水机电井 10 眼，建设 9 个蓄水罐（池），埋设高压 PE 滴灌干线、支线、分支管线总长度达 600 千米，植树区域全部上了滴灌设施，为浩大的造林工程打下坚实基础。截至 2022 年底，苏人牧场共计流转荒山 5.5 万亩，累计植树造林 3.3 万余亩，植树成活率达 98% 以上，投入资金近 1 亿元。

2. 积极挖掘致富能人效应，破解土地流转难题

针对荒山流转难题，苏振泉首先从自己的"发小"着手。高凤学既是新林镇湖泗汰村土生土长的农民，也是苏振泉的"发小"。出于对"发小"苏振泉的信任，他主动把荒山流转给苏人牧场，获得流转费 100 多万元，成为全村第一个"百万富翁"。高凤学的"一夜暴富"震动了十里八乡，村民们流转荒山的积极性高涨。苏人牧场流转荒山荒坡遍及新林镇湖泗汰村、毡铺村、八一村，带动 293 户 855 名村民增收致富，人均增收 7000 多元。

3. 扎实推进"三变改革"，调动村民参与积极性

一是资源变资产，增加村民收入。苏人牧场流转"五荒"一次性支付给农民现金 500 多万元，其中单户最多的是一户获得

100万元的流转款。流转收入最多的自然村是八一村第六村民组，约200万元，共有61户162人，人均11730元。二是村民变股东。"五荒"流转后，有的村民不愿意要现金，而是入股成为股东，将获得的全部土地流转款参股，成为苏人牧场的股东。村民流转荒山集中获得的大批租金，促进了种植业和养殖业的转型，用于发展庭院经济，实施订单养殖种植，多种经营促进多项增收。三是村民变工人。苏人牧场的总经理、副总经理和部分员工均来自当地工人，有效地缓解了村民就业问题。在植树季节（春季、秋季），大批村民纷纷到苏人牧场植树，每天至少50多人，最多时每天150人。整个植树季节（4月15日—6月15日），正是农闲季节，每人每天工资150元，一个人植树季节就能挣9000元。仅2019年，苏人牧场就支付农民工200万元左右的工资。

4. 多渠道培育专业人才，支撑项目长远发展

对区域内经济较为困难的人群、退役军人、残障人士开设专项专岗，进行免费培训后，直接上岗。同时，对愿意加入家乡建设，关注乡村振兴的大学毕业生开设"管培生"专岗，由董事长、总经理直管，免费对其培养，为其发展提供更好的平台，也为项目的长远发展储备管理人才。

5. 积极探索多种绿色产品价值转换的方式

苏人牧场在进行荒山治理的同时，也在不断地探索绿色产品价值转换的方式。根据本地气候特点和资源禀赋，一是与东北著名果树专家合作开发了抗寒抗旱、荒种荒收的"冰系苹果品种"。2022年10月8日，农业农村部农产品质量安全中心发布公告，将苏人牧场冰苹果纳入全国"名特优新"农产品名录。2022年400万斤冰苹果第一次上市，带来1.2亿元的产值。二是开发以杂粮杂豆为主体的有机农产品和农副产品。因其具有原生态、有

机的特点获得了国家有机食品认证。同时配套发展农副产品深加工，开发高端保健食品，延长产业链条，具有较好的市场预期，效益相对可观。三是开发中药材，苏人牧场项目区适宜野生、仿野生黄芩、黄芪、关防风、赤芍、白鲜皮、北苍术等道地中药材生产，这些药材亩均效益均在1000元以上，综合开发效益可观。四是种植用材林。用材林30—50年成材，10万亩用材林效益可观。以上生态产品价值转换的方式，都将为当地创造巨大的经济价值，提升当地农民的可支配收入。苏人牧场也在探索发展康养和培训基地，不仅向树果粮药要效益，更要向蓝天白云绿草和清新的空气要效益，实现生态效益最大化。

（二）取得的成效

1. 荒山变绿洲，当地的生态得到恢复

植被覆盖度大幅提升，植被涵养水的能力明显增强。植树的工程坑起到较强的蓄水作用，水土流失问题得到明显缓解。环境得到调节改善，在治理地域植被起到固沙的作用，树木降低了风的速度，沙尘暴频率和强度大大降低。

2. 绿水青山转变为金山银山，切实提升了当地的经济效益

从以前的"尘沙飞舞烂石滚，无林无草无牛羊"，到如今的野生动物成群结队，曾经的不毛之地完成了一次涅槃重生的华丽蜕变。苏人牧场这个不放牧的"牧场"成了当地群众增收致富的"绿色银行"，深刻诠释了"绿水青山就是金山银山"理念。在经济效益上最直观的体现就是"三金"鼓起了乡亲们的腰包：一是守家在地拿薪金，二是种养转型靠租金，三是订单种植挣订金。

3. 项目知名度不断提升，得到政府部门高度认可

2021年，苏人牧场在赤峰市创业大赛中获得一等奖。2022年

5月，苏人牧场的"科技赋能荒山，生态农业助力乡村振兴"项目，在第五届"中国创翼"创业创新大赛内蒙古赛区第二站——通辽站的比赛，荣获"乡村振兴专项赛"一等奖。此次比赛由通辽市、赤峰市人力资源和社会保障局主办，两地的近300家企业，500多名选手参加。苏人牧场是唯一一个生态建设项目。2022年12月8日，第五届"中国创翼"创业创新大赛全国总决赛中，苏人牧场10万亩荒山生态治理项目获得二等奖。《经济日报》《内蒙古林业》《赤峰日报》和内蒙古卫视、赤峰市电视台等媒体进行了多次报道。自治区党委、政府把该项目称为践行"生态优先、绿色发展"的苏人牧场模式。2023年6月，苏人牧场获评自治区"万企兴万村"行动典型（项目）企业荣誉称号。

三、经验启示

（一）积极引导民营资本参与生态修复和环境治理

苏人牧场项目是比较典型的民营经济参与生态修复的案例。民营经济与国有企业相比，其特点是规模较小、工作效率和创新能力较高。荒山治理和生态修复是投入周期长、成本大、见效慢的投资项目，过去民营经济参与的积极性较弱。而苏人牧场项目能够成功取决于几个关键性因素：一是苏振泉作为外出创业成功的民营企业家，有对家乡生态环境的担忧和对父老乡亲的深切热爱；二是在习近平生态文明思想的指引下，对当前生态产业、生态产品价值转换和"绿水青山就是金山银山"的前瞻性认识；三是地方政府对其项目的大力支持，尤其是在项目审批手续办理等方面提供便利条件。如何吸引更多的成功人士回到家乡投资建设，尤其是在生态修复、治山利水领域，是各级地方政府应该思考的问题。

党中央交给内蒙古的五大任务中，排在首位的就是把内蒙古建设成为我国北方重要生态安全屏障。党的十八大以来，内蒙古的生态实现了"整体遏制，局部好转"，走到了"进则全胜，不进则退"的历史关头。但是目前我区各级地方政府财政大多比较困难，在生态建设资金投入上，主要依靠国家投入，社会化参与、多元化投入比重较小，市场化运作机制尚待建立和完善。我区亟须按照"政府主导，社会参与"的原则，加大对国土绿化、林草质量提升、基础设施建设等投入力度，鼓励和吸引金融资本、民营资本以及其他社会资本参与生态建设，形成资金投入合力。苏人牧场作为一个比较典型的民营资本参与生态治理的项目，意味着林西县在生态建设领域市场化向前迈出了一大步，探索出了一条"绿水青山就是金山银山"，实现生态产业化发展的新道路，值得推广借鉴。

（二）充分发挥民营资本在生态产品价值实现上的优势

习近平总书记在党的二十大报告中指出，尊重自然、顺应自然、保护自然，是全面建设社会主义现代化国家的内在要求。必须牢固树立和践行绿水青山就是金山银山的理念，站在人与自然和谐共生的高度谋划发展。建立生态产品价值实现机制，完善生态保护补偿制度。在 2023 年 10 月 5 日印发的《国务院关于推动内蒙古高质量发展奋力书写中国式现代化新篇章的意见》中也明确提出支持呼伦贝尔、兴安盟、赤峰等地区探索生态产品价值实现机制。生态产品的价值不会自然而然地实现，需要借助政府、企业等市场主体去探索生态产品价值转换的方式，探索把绿水青山转变为金山银山的途径。而民营资本在探索生态产品价值实现机制上更具有优势。在我国社会主义市场经济条件下，民营经济贡献了50%以上的税收，60%以上的国内生产总值，70%以上的技术创新成果，80%以上的城镇劳动就业，90%以上的企业数量。同时，民营资本具有强烈的生存发展意愿，较强的市场敏感度，能够迅速捕捉到市场需求的变化，对产品供给做出调整，更好地实现生态产品的价值转换。

苏人牧场项目立足区域生态资源优势，基于自然生态系统承载能力，把生态优势转化为产业优势，融合了植树造林生态修复、发展林下经济、森林康养和森林旅游等多种方式。在项目建设运营的过程中，既改善了当地的生态环境，也为当地老百姓带来了经济效益。2023年7月，苏人牧场接待了2300人的旅游团，为林西县的生态旅游画上了浓墨重彩的一笔，成功地诠释了民营资本在生态产品价值实现上的优势。苏人牧场项目在规划设计上更灵活，根据市场需求及时调整，把握入场时机；在人力资源利用上，能充分调动当地老百姓的积极性和主动性；在资金分配利用上，具有完全的自由支配权，每一分钱用在刀刃上，比如投入巨额资金在修路、打井等基础设施建设上及新产品研发上。各地应充分发挥民营资本的优势，在生态产品价值实现中发挥更大作用。

（三）在美丽中国先行区建设中，充分发挥民营资本的作用

2024年的政府工作报告首次提出"建设美丽中国先行区，打造绿色低碳发展高地"。建设美丽中国先行区已成为未来一段时间生态文明建设的当务之急。美丽中国先行区的关键特征是"先行"，工作目标是打造美丽中国全域建设的示范样本，探索出可复制、可借鉴、可推广的经验模式。美丽中国先行区承担了实践

中的探索职能,是美丽中国建设中至关重要的发展环节。建设美丽中国先行区,要因地制宜找准实施路径,建立有地方特色的发展模式。不同地区由于自身发展历史、资源禀赋的不同,先行区建设所适合的模式势必有所区别。

在美丽中国先行区建设中,内蒙古需要把生态保护和修复放在突出位置。生态保护和修复的资金仅仅依靠中央财政支持和地方财力难以取得实质性的进展。引入社会资本参与,可以弥补资金量的不足,同时优化资本的投入结构,提升资本使用效率,还可以借助社会各方的参与,扩大生态保护修复的社会影响。2021年10月,国务院办公厅印发了《关于鼓励和支持社会资本参与生态保护修复的意见》,但是在实践过程中,内蒙古地区成功的案例并不多。从生态修复中获得稳定可持续的收益,成为社会资本投入的关键。充分发挥民营资本的作用,需要用制度来规范、用机制来引导、用实践来创新,促进社会资本与政府的深度互融与良性互促。各级政府要用政策法规、规划管控、产权激励、财税支持、资源利用、金融扶持、科技创新、信用奖惩等建立全方位互融的规章制度,只有做好顶层设计,在实践中不断发展,才能推动生态建设事业不断进步。

社区"小天地"做好民族团结进步"大文章"

——兴安盟乌兰浩特市腾飞社区民族团结进步创建工作

中共乌兰浩特市委党校 田育颖 乌云 孙玉良

【引言】2019年7月,习近平总书记在内蒙古考察时强调,社区是各族群众共同的家,民族团结一家亲。要深入推进民族团结进步创建进社区,把社区打造成为各族群众守望相助的大家庭,积极创造各族群众安居乐业的良好社区环境。2023年10月,习近平总书记在中共中央政治局第九次集体学习时强调,要促进各民族广泛交往交流交融,以中华民族大团结促进中国式现代化。要推进各民族人口流动融居,构建互嵌式社会结构和社区环境,创造各族群众共居共学、共建共享、共事共乐的社会条件,持续深化民族团结进步创建工作。2024年4月,习近平总书记主持召开新时代推动西部大开发座谈会强调,全面准确贯彻党的民族政策,加快建设互嵌式社会结构和社区环境,促进各族群众交往交流交融。

一、背景

兴安盟乌兰浩特市都林街办事处腾飞社区成立于2003年7

月,辖区面积 0.65 平方千米,有居民小区 13 个、2318 户、4791人,是一个由汉族、蒙古族、回族、满族、达斡尔族等 8 个民族组成的其乐融融的大家庭。近年来,腾飞社区以铸牢中华民族共同体意识为主线进行了多民族社区嵌入式管理的探索,以构建和谐社区为出发点,以"平安腾飞"为目标汇聚各类资源,统筹各方力量,团结带领辖区党员群众,着力打造民族团结进步创建的党建品牌,互嵌式的社区结构促进各民族在空间、文化、经济、社会、心理等方面的全方位嵌入,实现了各族群众广泛交往、全面交流、深度交融。不断把民族团结进步创建工作推向深入,探索出了城市多民族互嵌式社区民族团结进步创建工作的有效路径,对边疆民族地区的城市多民族社区民族团结进步和基层社会治理工作共融互促有一定借鉴意义,形成了可推广、可复制的成功经验。

二、做法与成效

在推进民族团结进步进社区工作中,腾飞社区以铸牢中华民族共同体意识为主线,以党建引领、宣传教育、完善服务、保障民生等举措,努力创造了各族群众共居共学、共建共享、共事共乐的社会条件,构建了各民族相互嵌入的社会结构,在城市社区"小天地"中,书写民族团结进步"大文章"。

(一)健全党组织带动机制,促进民族团结进步创建工作规范化

打造民族团结进步创建的党建品牌。通过加强发挥党组织在民族团结进步创建工作中的引领作用。社区将铸牢中华民族共同体意识工作与各项工作深度融合,构建党组织为核心的基层民族

工作体制，党支部书记负总责，民族工作有专人负责并在社区层面选拔任用"四个特别"社区干部，确保党对民族工作的绝对领导；联合各族热心群众、包联单位、基层党组织、共建单位、志愿服务队、辖区单位6类群体，在一个社区党支部的引领下，形成了"非常6+1"工作法，广泛收集居民诉求，制定服务清单，解决各族群众急难愁盼问题。切实发挥社区党组织作用，以开展党建引领网格单元长精细化治理为契机，将民族团结进步纳入单元长工作内容，与党建、民生、服务等各项工作同部署、同安排、同落实；建强1个石榴籽党群服务站、配强10个网格党组织、选强240名党群单元长，充分调动辖区各族群众参与民族团结进步工作的积极性和主动性，实现社区各民族服务管理数据清、底数明、全覆盖、零距离。

成立社区铸牢中华民族共同体促进会。腾飞社区根据社区实际组建由老党员、退伍军人、网格员、爱心人士构成的社区铸牢中华民族共同体促进会，由在辖区居民中有正义感、有影响力的思政课退休教师律云龙担任促进会会长，并在腾飞社区党支部的指导下创办了铸牢中华民族共同体意识促进会"老律工作站"，同时分配了3名居民党员和1名单元长共同开展工作。"老律工作站"自成立以来，通过开展信访代办、矛盾解决、民族理论政策宣讲、扶贫帮助以及各类志愿服务等活动，把工作站打造成了各族群众的"团结进步之家"。据不完全统计，2023年"老律工作站"共解决辖区居民急难愁事70余件，已成为居民心中一个"讲理、讲法、讲情"的地方。

创新民族团结进步创建活动形式。腾飞社区凝聚6家辖区单位、6家包联单位共12个党组织及119名在职党员的优势力量，筑牢基层党组织战斗堡垒。每名党员干部联系1户生活困难居民，通过政策宣讲、就业指导、法律援助服务等方式，深入开展"播种同心籽，共建石榴园"送政策、送技术、送关爱、送法律、送新风"五送"活动。同时，社区与在职党员所在单位达成在职党员双向管理的协议，动员在职党员进社区，积极参加"党员公开承诺""党员自愿认领社区岗位"，119名在职党员亮身份、亮标准、亮承诺，常敲空巢老人门、常串困难群众门、常守居民小区门、常开精神文化门、常治小区环境门。坚持"五必访"即（独居空巢必访、特殊人群必访、矛盾纠纷必访、教育服务必访、环境治理必访），联合职能部门，广泛开展风险隐患排查、矛盾纠纷调处及环境卫生整治等活动，实现为民服务"零距离"，广大党员树形象、作表率，在民生一线"立身为旗"，形成了"三亮两带五服务"的工作机制。

（二）广泛开展铸牢中华民族共同体意识教育，促进民族团结进步创建工作社会化

组建志愿服务宣传队伍。按照盟委"建好六支队伍"要求，腾飞社区坚持以铸牢中华民族共同体意识为主线，根据辖区内各族群众物质与精神文化需求，创建了多支精神饱满、能够面向各族群众通俗易懂地阐释铸牢中华民族共同体意识的特色志愿服务宣传宣讲队伍，定期组织辖区各族群众开展"石榴籽同心筑梦"等活动，丰富各族群众的精神文化生活。通过开设"半小时"自修课堂、支部微信群"七点小课堂"、"汇贤学堂"学习夜校，以及红色广播站、微信公众号、视频直播宣讲等多种方式，开展党的民族理论政策、红色故事宣讲和学习活动，将铸牢中华民族共同体意识传递到社区党组织、企业、学校及党员和各族群众的心中，引导各族干部群众有力践行习近平总书记关于加强和改进民

族工作的重要思想，推动中央民族工作会议精神和习近平总书记对内蒙古的重要指示精神在基层落地落实。

积极选树典型提升示范带动实效。腾飞社区积极发挥先进人物示范引领作用，模范人物律云龙等组织开展矛盾纠纷调解、民族理论政策宣讲、扶贫帮困等志愿服务活动，解决居民群众民生问题的同时，让各族群众的心贴得更近、情融得更深；"最美红城人"郝秀敏，通过开设"民俗小课堂"，每周义务教学社区居民群众制作民族手工艺品、烹饪民族特色食品等，促进各族群众广泛交流。同时评选社区民族团结进步家庭、民族团结示范户、最美敬老孝亲模范等，引领居民见贤思齐，传承优良家风家训，不断提高居民群众参与民族团结进步创建的热情。

（三）着力打造"五个为民服务平台"，推动群众服务与民族团结进步创建工作融合发展

打造共居共学、共建共享、共事共乐的新时代文明实践平台。腾飞社区积极构建嵌入式社区环境，以新时代文明实践站为载体，组建"石榴籽志愿服务队"，在社区、小区、楼宇单元、社会组织间开展"石榴籽家园建设"行动，创建"石榴籽家园"，培树"最美石榴籽家庭"，举办"石榴籽同心筑梦"系列主题活动，积极引导各族群众交知心朋友、做和睦邻居。搭建共乐大舞台，结合春节、元宵节、端午节等中华民族传统节日，开展"畅享民族团结·党旗高高飘扬"文艺汇演、"民族团结一家亲·共度元宵心连心"联欢晚会、"共筑民族情·共圆中国梦"主题演出等各族群众喜闻乐见的文化活动，抒发民族团结一家亲的真情实感，推进各民族更深层次交往交流交融。社区举办丰富多彩的"石榴籽"邻里文化大集活动，各族群众在活动中浸润中华优秀传统文

化，共同感悟民族团结情怀，一起分享感受，一起拍照留念，疏远的邻居亲近起来了，安静的社区热闹起来了，独居的老人幸福起来了，各族群众像石榴籽一样紧紧抱在一起，厚植浓浓"石榴情"。

社区通过开展丰富多样的活动，不仅弘扬了中华优秀传统文化，也拉近了物业、社区、党员、群众之间的距离，促进了邻里和谐，提高了居民参与社区治理的热情。此外，社区组织各族干部群众参观民族刺绣、马头琴制作等非物质文化遗产代表性项目，探寻非遗技艺在保护与传承中的闪光印记，体验兴安盟各地的红色文化、农耕文化和草原文化，了解各民族广泛交往交流交融的历史，感受中华民族共有精神家园的多姿多彩。

打造共建共学共进的"腾飞红色讲堂"学习平台。自治区终身学习品牌"腾飞红色讲堂"根据各族群众的需求，讲百姓爱听的课、百姓想听的课，涵盖"四史"和中华民族发展史学习教育、铸牢中华民族共同体意识教育以及医疗卫生等内容，把小教室拓展为面向全社会的大平台，让名师、名医、名匠、名人等优质资源走进社区，为辖区各族群众提供全面、专业的服务，累计开展各类讲座30余期，受教育群众达千余人次。

腾飞社区依托全市"一馆三址"等11处红色景区景点，打造"红色讲堂"，通过社区新时代文明实践站、家长学校、社科之家定期组织参观学习、红色研学等活动120余场次，带领社区各族群众聆听红色故事、感悟红色文化、接受红色教育。创建群众身边特色"红色课堂"，在蓝天花园等多个小区打造"红色党建园"，将"红色元素"融入居民生活，让社区群众时刻感受到今天美好生活的来之不易。鼓励各族群众相互学习，促进各族群众在生产生活上取长补短、共同进步。依托契约教室，与北京开放大学、兴安盟城乡社区大学、机关单位、社会团体及典型人物签订契约协议，做到师资大联合，实现共建共学。

打造为民利民便民的"一居一品"民生议事平台。以社区党群服务中心为主阵地，对贴近群众的业务简化办理流程16项，出台延时预约、帮办代办、追责办法等7项制度。实行"小社区、大服务"，进一步优化了党群服务中心内部功能区划分设置，将平台空间尽可能用于居民活动、居民教育，做到各个年龄段的人都有对应的活动学习区域，书法、舞蹈、手工艺品各种爱好人群都有活动空间，真正实现为民、利民、便民。

打造共治稳定和谐的基层社会治理指挥服务平台。一是强化网格化管理。将民族工作纳入社会治理网格化管理系统，建立工作机制，科学划分网格，配备民族工作网格员，拓展民族工作网格化系统服务管理的范围领域，强化网格化数据服务，提升综合管理水平。二是创新社会治理机制。坚持把民族团结进步创建作为社会治理的重要抓手，创新推出"四个一"融合共治服务平台，每户家庭确定一名党员为家庭组长，对家庭成员进行政策宣讲、知识普及，组织家庭成员参与隐患排查、矛盾调处、创文创卫等工作。对表现突出的家庭组长和家庭成员，给予积分奖励，居民可凭借道德银行积分，到指定的"四个一"商户（1个饭店、1个药店、1个超市、1个洗浴或美容美发店）享受消费优惠，实现一点带动一人、一人带动一户、一户带动一片，形成"今日我为社区服务，明日社区为我服务"的"奉献—回报—奉献"连环带动式互促共进机制。

打造精准化、差异化的党群便民服务平台。腾飞社区把基层党组织和党群服务中心二者结合起来，党组织就有了看得见、摸得着的物化依托，社区的党建、治理、服务就有了实体性节点。

"服务"是社区工作的重头戏，腾飞社区着力打造建设好服务群众的便民中心。党群服务中心建设坚持各种资源、服务在中心集聚集成，以党建为引领，分门别类为各族干部群众、企业员工、业主提供精准化、差异化服务。创新服务模式，统一实行"一窗口受理、一站式服务"，在最短距离、最短时间内办理养老、社保、计生、残疾人等各项业务。社区吸纳一批水电气暖木瓦等技术人才，在居民家中搭建便民服务平台，组建专业化社区服务队伍，为物业企业和小区居民双向提供质优价廉的生活服务，并大力宣传党员匠人优秀典型，通过"四个一"融合共治服务平台兑现赋分优惠。创新沟通平台，在居民小区内选择低楼层设置党群服务站点，根据小区特点、人群特征，灵活变换服务内容和方式，变"被动"为"主动"，通过"线上+线下"模式提升工作效能，不断加强各族群众之间的沟通，快速响应并高效解决各族群众家门口的"烦心事""操心事"，构建了"民有所需，我有所为"的格局。创新邻里关系，集聚社区各种力量，完善社区治理，形成"琐事不出楼栋，小事不出小区，大事不出社区"的格局，营造出入相友、邻里守望的熟人社区氛围，变"单一管理"为"多方共治"，通过各方力量共同推进小区治理和文明城市创建。

如今的腾飞社区，"三个离不开""四个与共""五个认同"的理念已经深深扎根在各族群众心中，中华民族共同体意识更加牢固，社区成为各族群众"乐学、乐治、乐享"的美好家园。2021年11月，该社区被中共兴安盟委宣传部、中共兴安盟委统战部、兴安盟民族事务委员会命名为"第五批全盟民族团结进步示范单位"。2022年9月，该社区被中共兴安盟委统战部、中共兴安盟委宣传部、兴安盟民族事务委员会评为"石榴籽家园"。2022年9月，该社区被内蒙古自治区民族事务委员会命名为"第八批全区民族团结进步示范单位"。同时,腾飞社区支部委员会被中共内蒙古自治区委员会、内蒙古自治区人民政府授予"全区民族团结进步模范集体"称号。

三、经验启示

城市多民族社区是铸牢中华民族共同体意识落实落地、见行见效的重要阵地。乌兰浩特市腾飞社区在民族团结进步创建工作上取得了重要的阶段性成果,并形成了具有乌兰浩特市特色的实践经验。

(一)始终坚持和加强党的全面领导

做好民族工作,关键在党,关键在人。打造民族团结进步创建的党建品牌,始终坚持以习近平新时代中国特色社会主义思想为指导,增强"四个意识"、坚定"四个自信"、做到"两个维护",坚定不移把党的领导贯穿于民族团结进步创建工作的全过程和各方面。明确党支部书记为创建工作"第一责任人",将创建工作与党建工作同安排、同部署、同检查、同落实,让党员干部成为创建工作的"红色头雁"。建立建强"四个特别"好干部队伍,不断提升社区工作者在处理解决民族问题上的能力和水平。同时,构建"网格化"社区党建工作体系,将党员力量下沉到社区一线,实现党组织全覆盖,畅通社区居民与党员交流渠道,推进民族团结进步和基层社会治理共融互促。

(二)强化铸牢中华民族共同体意识教育

铸牢中华民族共同体意识教育工作需要久久为功,形成常态化机制。通过社区志愿服务队和社区精英骨干的作用，以点带面地在日常生活中开展民族政策和民族理论的宣讲活动，潜移默化地让各族群众了解和领悟党的民族政策，更加坚定地传承心向党、心向党中央的红色基因。培树先进典型，发挥榜样力量，开展模范小区、楼道和"最美家庭"评选活动，选出培育社区的先进典型，让榜样家庭和先进典型引领社区民族团结工作。同时在宣传形式上采取"常规+新媒体"的形式，提高宣传的成效。社区党组织针对社区具体问题开展常态化的群众工作会议，及时掌握各民族群众的思想动向、民情民意。以"三会一课"、社区与帮联单位、学校联建等方式推进民族团结教育工作。充分利用抖音、微信、快手等网络传播媒介，开展宣传，形成"线上+线下"联动的工作格局。

（三）加强各民族共有精神家园建设

创新民族团结进步创建工作载体，依托文化中心、文化长廊、文化广场等公共空间开展活动，丰富中华文化宣传载体，突出各民族共有共享的中华文化符号和形象，形成铸牢中华民族共同体意识常态化教育机制。同时，打造铸牢中华民族共同体意识主题的文化作品，通过设置铸牢中华民族共同体意识主题内容的微景观、标识造型等多种形式的载体，融合民族团结故事、石榴籽主题诗词等内容，铸牢中华民族共同体意识融入各族群众的生活，成为行为准则和日常习惯。做好社区服务，定期举办各类集体性活动，为社区各族群众搭建交流平台，培养良好的社区关系和邻里情谊，不断增强对中华文化的认同感，进而激发各民族交往交流交融的内生动力。

(四) 做精做细民生保障服务

民心是最大的政治,民生连着民心。把保障和改善民生作为推进民族团结进步创建工作的着力点,让各族群众更多更好地享受改革发展成果和创新成果。聚焦各族居民生产生活等方面的需求,充分利用社区和社会力量,为各族群众提供职业技能培训,提高其就业技能和竞争力,拓宽就业创业渠道。要加大民生工程的投入力度,促进经济的快速发展,实打实地解决好群众最盼最急最忧最怨的堵点痛点,把党的关怀和温暖送到千家万户,不断满足各族群众对美好生活的向往。各社区应以创建服务型社区为目标,通过整合社区资源,为辖区内各族群众提供多样化服务,营造民族团结、互帮互助、社会稳定的和谐氛围。

乌兰浩特市腾飞社区坚持以铸牢中华民族共同体意识为主线,以党建引领社区各项工作,通过搭建"五大平台"、打造"三乐社区",推进民族团结进步和基层社会治理工作共融互促,对多民族互嵌式社区制度、文化建设等进行了有益探索,这种探索既是我国城市多民族社区基层治理走向现代化的一种选择,也是从深层次塑造社区各族群众"三个离不开""四个与共""五个认同"理念的可行之策。

健全工作体系　打通基层治理"最后一公里"

——鄂温克族自治旗赛克社区"1314"基层社会治理"近邻"模式

中共呼伦贝尔市委党校　包峰　李海燕　李嘉　曹禹　史俊男

【引言】习近平总书记在党的二十大报告中指出,坚持大抓基层的鲜明导向,抓党建促乡村振兴,加强城市社区党建工作,推进以党建引领基层治理,持续整顿软弱涣散基层党组织,把基层党组织建设成为有效实现党的领导的坚强战斗堡垒。习近平总书记强调,要以提升组织力为重点,突出政治功能,把企业、农村、机关、学校、科研院所、街道社区、社会组织等基层党组织建设成为宣传党的主张、贯彻党的决定、领导基层治理、团结动员群众、推动改革发展的坚强战斗堡垒。

一、背景

赛克社区成立于 2002 年 6 月,位于呼伦贝尔市鄂温克族自治旗下辖的巴彦托海镇,有汉族、蒙古族、鄂温克族、达斡尔族等民族,少数民族人口占到社区人口的 63%。党的十八大以来,呼伦贝尔市积极有效地推动高质量发展,通过实施和推进"海拉尔和巴彦托海镇、宝日希勒镇一体化发展"战略,使得海拉尔区和鄂温克族自治旗巴彦托海镇发展框架不断扩大,建成区已连成一体,不同文化、不同背景的居民在同一社区空间"互嵌式"生活在一起,在生活习惯、思想意识等方面存在较大的差异。同时,在社会发展的新形势下,社区居民缺少深层次的情感交流。居民对参与社区建设缺乏主动性。

赛克社区党委下设9个党支部,直管党员288人。2021年前,辖区共有2万余户4万余人。调整后辖区内现有3588户7394人,机关企事业单位35家,商业网点942家,学校2所。与巴彦托海镇其他社区相比,赛克社区辖区内存在"平房最多、老旧小区最多、困难群体最多、商业网点最多"的特征,这"四个最多"使得赛克社区在基层社会治理过程中的矛盾也十分突出。社区内登记在册的残疾人就有358人,困难、留守、残疾等特殊儿童28人,且镇上全部低保楼均位于赛克社区辖区,民生服务需求大、社区治理任务重。而基层社区又普遍存在着工作人员流动性较大的问题,社区长期工作难以持续推进、社区具体情况难以彻底摸清。

面对社区治理中存在的主要问题,如何构建一套切实可行的党组织领导基层社会治理的工作体系,进而高效解决社区治理中面临的各种问题来服务群众、凝聚人心、推进改革,是摆在社区工作者面前的一个难题。在鄂温克族自治旗和巴彦托海镇两级党委的支持指导下,赛克社区总结实践工作经验,构建了一套符合当地实际的基层党组织领导基层治理工作体系。

二、主要做法

攻克社区治理难题、提升社区治理水平，关键要有一个管用适用的基本工作思路。赛克社区党委在鄂温克旗、巴彦托海镇两级党委的支持指导下，转变工作思路、创新工作方式，通过目标导向把好方向、通过问题导向攻坚破题，在不断努力解决社区实际问题的过程中提炼经验，积极探索基层党组织领导基层治理的工作方法，于2019年形成了"1314"基层社会治理"近邻"模式（党建引领一条红色主线贯穿，促进自治、德治、法治"三治"融合，坚持以铸牢中华民族共同体意识为主线，形成一个全方位的精准服务体系，推动工作力量全进入、群众需求全收集、分级分类全解决、服务过程全评价的"四全保障机制"）。围绕构建社会治理共同体，以"居民与居民近邻互助、居民与组织近邻守护、组织与组织近邻共建"为核心，形成区域内各类群体共建共治共享的工作机制，在服务中优化治理，在治理中完善服务，打通党群关系"最后一公里"，将社区治理"难点"变"亮点"，不断巩固邻里友爱、邻里守望、邻里互助的社区新风尚。

（一）一条红色主线贯穿，充分发挥基层党组织的统领作用

社区建设需要统一思想、凝聚共识、形成合力，因此，必须切实加强社区党委对社区各方力量的政治领导，确保社区建设方向正确。

赛克社区党委以社区党群服务中心为依托，充分发挥社区党组织引领作用。在纵向上构建总网格长、网格长、网格员组织体系。社区目前共有18名兼职网格员，其中12名党员网格员。以

网格为单位,建立9个党支部,深化网格到院、细化网格到户。在横向上打造治理共同体,充分融合30家驻区党组织,通过党建联席会搭建互帮互助暖心家园,近三年来帮助辖区群众解决民生问题120余件。吸收在职党员、离退休干部、志愿者、楼长、物业、业主委员会成员加入,共同搭建议事平台,多方协同治理,把党的政治优势转化为基层社会治理优势。2016年,赛克社区荣获"内蒙古自治区先进基层党组织"荣誉称号。

在社区党委指导下,赛克社区以加强社区工作志愿者队伍建设为抓手,强化社区服务功能。积极动员组建19支共762人的党员志愿者服务队,切实为各族群众解决困难,其中以"四叶草"志愿服务队成效最为显著。"四叶草"志愿服务队借以四叶草的寓意得名,由4支特色队伍构成。第一支队伍是"平安蓝",以未成年人为服务对象,由赛克社区联合驻区检察院、法院、妇联组建,旨在为青少年做好家庭教育,服务内容包括学业辅导、托管服务、心理疏导等;第二支队伍是"情暖夕阳",以中老年人为服务对象,服务内容包括邀请专家义诊、开展手工培训创收、免费补拍婚纱照等;第三支队伍是"好孕妈妈",以社区孕产妇为服务对象,由赛克社区党委牵头成立,成员均来自当地卫生院具有专业知识的医生,旨在为准妈妈科普育儿知识,降低儿童因预产期护理不当造成早期缺陷的风险;第四支队伍是环境整治志愿服务队,由驻区各单位党员志愿者组成,每周五固定时段进小区开展环境整治活动,为营造干净整洁的社区环境立下汗马功劳。

赛克社区创新的党组织领导基层治理的工作体系运行效果显著,社区各族居民紧紧地凝聚在社区党组织周围,社区党组织的号召力、凝聚力不断提高,社区工作人员也在处理日复一日细密琐碎的事情中锻炼了工作能力。新冠疫情暴发伊始,赛克社区党组织召集网格员迅速行动、周密防控，网格员即刻响应，对本辖区 7000 余名居民及当时代管的呼伦贝尔市新城区 3 万余居民进行了三轮地毯式排查，连续奋战 126 天。充分发挥党组织统领作用，通过"社区党委+党员先锋队+网格员+物业"的方式，对辖区资源进行优化整合，合理调配驻区单位力量，进一步织密了基层防控网络，为保护辖区群众生命安全筑牢了社区防控的严密防线。2020 年 9 月 8 日，社区党委书记玲玲同志，被授予"全国优秀共产党员"和"全国抗击新冠肺炎疫情先进个人"称号。

（二）"三治"融合，打造全民参与、全民共享局面，增强社区建设合力

通过努力破解治理难题，赛克社区在实践、认识、再实践、再认识中持续学深悟透习近平总书记关于新时代"枫桥经验"的重要论述，以党建引领推动自治、德治、法治"三治"融合，努力把矛盾纠纷化解在基层、解决在萌芽。

首先，自治强基，提升治理内动力。赛克社区加强社区组织规范化建设，全面完善居民监督委员会、居民议事会等自治载体，搭建群众参事议事平台，广泛开展"居民说事""民情恳谈会"等活动，激发基层社会治理活力。其次，德治教化，提升文化感召力。社区每月组织举办富有中华优秀传统文化的主题党日活动，开设"四点半课程""阅读分享日""市民学校"等特色文化服务，在潜移默化中提高居民的道德素养。最后，法治服务，做好普法宣讲员。社区通过邀请法律专家开展座谈、开展法治教育活动、开设法律咨询平台等多种类型的宣传方式，向居民群众宣传党的路线、方针、政策，持续加强社区群众宪法宣传教育，坚决维护宪法权威。创立反诈骗社区法官工作站并设置举报电话，最大限度帮助人民群众减免损失。

在推进城乡融合和区域协调发展的大环境、大趋势下，赛克社区坚守新型城镇化以人为本的要求，以"三治"融合为基础，推行"近邻"理念，将邻里关系打造成新时代的亲缘关系，进一步调动社区居民的积极性，让居民参与到社会治理和社区建设中来，不断提升社区服务效果。

居民对社区工作的不配合是推行"近邻"理念的堵点。为了组织发动广大居民参与社区建设，工作人员挨家挨户走访，但初期成效并不显著。赛克社区发挥德治春风化雨的特点，坚持动之以情、晓之以理，转变居民观念，社区是社区居民的近邻，社区居民之间也互为近邻，都是出现问题时第一时间能够给予帮助的人。同时，赛克社区以党员引领示范带动居民自治，从党员入手，树立互帮互助形象标杆，让社区居民真切感受到近邻互助的温暖，营造了良好互助氛围，进而带动邻里，拉近社区居民之间的距离。亲人间尚有不平之事，"近邻"有时也会产生矛盾，这就需要社区工作人员懂得法、会用法、勤普法。因此，赛克社区持续完善社区法治管理制度，加强法治，让群众"办事依法、遇事找法、解决问题用法、化解矛盾靠法"，在每栋楼、每个单元设立楼长、单元长，张贴网格员引导牌并组建微信群，畅通问题上报渠道，一网格一治理，一点一滴尽职责。

老旧小区、回迁小区是推行"近邻"理念的难点。赛克社区的一个老旧回迁小区曾经出现物业撤出的情况，小区管道老化、环境脏乱差，业主委员会组建不起来，联络的三家物业公司也拒绝入驻。赛克社区在处理民生难题时始终坚持人民至上，优先保障居民基本生活，"先解决问题，再走流程、谈条件"。面对小区无人接管的情况，赛克社区党委迅速决策，与物业公司达成暂时服务协议，并通过不断上门走访，成功说服5位居民作为代表参加社区会议，代表小区居民行使投票权，强化自治作用；同时立即开展针对性的纠纷调解工作，引导居民合理合法表达诉求，发挥法治定分止争的作用。社区党委书记玲玲个人出资近万元，维修该小区的电梯、楼内暖气，更换二次加压泵，购买了20个垃圾桶，在寒冬守护了居民家中的温暖，获得了居民的真心，发挥了强大的德治力量。虽然多年累积的问题在短期内难以全部解决，但赛克社区的努力被居民看在眼里，参加小区联席会议的居民逐渐增多，并积极踊跃为小区后续治理工作出谋划策，共建共治共享氛围十分浓厚。

（三）一个全方位服务体系，助推交心交融，铸牢中华民族共同体意识

作为民族社区，赛克社区党委始终将民族团结创建工作融入基层治理，不断加强和改进民族工作，在镇党委指导下，形成了由社区党委书记牵头抓总、班子成员综合协调、社区干部抓好贯彻落实的民族团结进步工作长效运行机制，为民族团结进步事业的健康发展提供坚强的组织保障，有形有感有效铸牢中华民族共同体意识。

阵地建设是赛克社区打造全方位服务体系、构建互嵌式社区、促进各民族交往交流交融的重要载体。在巴彦托海镇党委的支持下，赛克社区对3821平方米的党群服务中心进行改造，仅留下不足100平方米的办公区域，并安排两名网格员为居民到社区办理业务提供一站式服务，其余场地全部打造成面向社区居民开放的共享中心，并将铸牢中华民族共同体意识融入社区环境建设，打造石榴籽文化长廊，积极营造民族融合的浓厚氛围。社区依托石

榴籽讲堂、家庭教育讲堂、故事妈妈团等载体，组织各族群众开展精神文明建设活动、传统特色节日活动；常态化在社区开展以铸牢中华民族共同体意识为主线的知识竞赛，免费的法律援助、法律咨询，全民健身赛，诗歌朗诵比赛，全民读书日，图书漂流等丰富多彩的活动，形成了包含政务、法律、生活、文体等内容的全面服务体系。

赛克社区以党群服务中心为载体的全方位服务体系实施效果良好，每天早晨不到 8 点半就有社区居民前来打卡。仅社区居民就组建了 8 支艺术团，加上太极拳、跳操队等，舞蹈室从早上 6 点到晚上 9 点排得满满当当。"幸福不打烊"活动将党群服务中心关门时间推迟至晚上 9 点，方便上班族在下班后到社区运动健身、休闲娱乐。社区还为备考的学生群体提供了宽敞明亮的自习室。室外寒风呼啸，室内温暖如春，居民其乐融融。

2023 年中秋节前夕，赛克社区联合鄂温克族自治旗民委邀请 12 位"国家的孩子"与大家共度佳节，团团围坐包月饼，回忆那一段难忘的时光，中华民族共同体意识潜移默化地浸润了各族人民的心田。赛克社区自成立以来，从未发生过民族纠纷事件。赛克社区在 2018 年荣获"鄂温克族自治旗民族团结进步模范集体"，2022 年荣获"呼伦贝尔市民族团结进步示范单位"。

（四）"四全机制"推动社区工作体系化、精准化，在实践中完善服务

赛克社区积极探索创新网格化管理模式，以为民、便民、安民为理念，构建"一长五员"网格化管理模式，把人、事、地、物、组织全部纳入网格管理，实现多网融合、一网统筹，通过工作力量全进入、群众需求全收集、分级分类全解决、服务过程全评价的"四全保障机制",完善网格化管理、精细化服务、信息化支撑,实现社区服务管理的"全覆盖、全天候、零距离"。

一是推动工作力量全进入。为了进一步提高网格化工作效率,加强网格员配置,赛克社区不要求网格员签到签退,除留在党群服务中心的两名值班网格员外,其余网格员全部下沉到网格中,了解居民情况。二是确保群众需求全收集。从不起眼的"小事"入手,赛克社区无微不至地为居民提供服务,一点一滴拉近了居民们的心,深入了解了居民的生活。虽然社区工作人员流动性较大,平均工作年限较短,但社区为每位居民建立了详细的居民档案,所有情况一查档案便知,极大地提高了社区工作的精准化水平。三是科学分级分类全解决。分级分类研判,有助于系统梳理问题、精准提供对策、提高工作效率。将网格管理工作科学划分为一般工作、需协调处理工作以及突发性事件,并分别制定工作流程,让社区在服务不同群体、处理不同问题上对症下药、有的放矢。四是事后服务过程全评价。服务评价反馈机制强化了居民外部监督,优化了社区服务工作效果。通过意见反馈,赛克社区织密了社区"保障网",管理上的漏洞得以迅速弥补,有利于排查制度设计盲点。

"一老一小"是基层社区服务工作的重点对象。赛克社区通过"四全机制"不断优化"一老一小"服务工作,实现需求在网格内发现、资源在网格内整合、问题在网格内解决,持续提升社区居民生活品质。一方面,赛克社区积极调动网格员力量,精准聚焦社区老年人实际需求,不断完善社区工作适老化调整,为行动不便的老年人提供上门服务、帮办代办业务、志愿服务等,为社区老年人创造更加美好、更高品质的幸福生活。另一方面,赛克社区联合驻区单位以及专业机构,依托党群服务中心持续改善未成年人成长环境，保障儿童身心健康成长。线下组织家长开展家庭教育相关法律政策、科学家教、心理健康、营养保健、安全教育等家庭教育主题培训。线上开设家庭教育"微课堂"，定期解答家长的教育困惑。2014年，在鄂温克族自治旗妇联、团旗委的推动下，赛克社区设立了少年儿童周末培训基地，由旗少年宫教师开展舞蹈、电子琴、美术、手工、书法等特长班，截至目前累计开展培训300余期，服务儿童3万余人次，构建起校内与校外结合、社区与家庭联动的家庭、学校、社会协同育人新格局；赛克社区还配备有自治区级未成年人心理健康辅导站，密切关注社区未成年人的心理健康，不断加强心理问题疏导排查和防范化解，培育未成年人自尊自信、包容友善、理性平和、积极向上的心态。2020年，赛克社区荣获"全国家庭教育创新示范基地"称号。

在赛克社区党委多年的实践探索下，赛克社区基层党组织领导基层治理工作体系逐步完善，"1314"基层社会治理"近邻"模式效果逐渐显现，党群互动密切、邻里友爱团结、家园温馨和谐的美好愿景不断向现实转变。赛克社区从曾经垃圾遍地、道路坑洼、矛盾繁多的问题社区，逐渐发展到如今的全国家庭教育创新示范基地、自治区先进基层党组织、呼伦贝尔市民族团结进步示范单位，吸引了包括自治区政协调研组、自治区党委组织部调研组、自治区党委统战部调研组、内蒙古社会主义学院调研组、大连市金州区政协调研组在内的多支省内外队伍到赛克社区进行调研考察。

三、经验启示

"1314"基层社会治理"近邻"模式，是赛克社区在实践中形成并构建的基层党组织领导基层治理的工作体系。赛克社区牢牢抓住党建引领这个根本，以"三治"融合为基础，以全方位服务体系铸牢中华民族共同体意识，以"四全机制"推动社区服务工作体系化、精准化，以"近邻"为社区治理理念，引导社区各方力量聚心同力共建美好家园。赛克社区对"1314"基层社会治理"近邻"模式的探索与创新，是我国社区治理蓬勃发展的生动写照，为健全基层党组织领导基层治理的工作体系提供了参考经验。

1. 以"近邻"理念打造联结纽带，构建基层党组织统一领导、驻区组织积极协同、社区群众广泛参与的基层治理格局。赛克社区能够以12名工作人员承担辖区7000余名居民的管理职能，并在最高峰时期同时代行呼伦贝尔市新城区3万余人部分管理职能的一个关键原因，就在于赛克社区切实发挥了基层党组织的统领作用。驻区单位、党员、志愿者通过"近邻"理念达成共识，自愿加入以赛克社区党委为领导核心的组织队伍，极大地增强了社区服务力量，为许多活动的开展提供了现实基础。在社区党委的领导下，赛克社区不断突破辖区、单位、社会组织间的"隐形"壁垒，通过"近邻"理念打造联结纽带，多元主体协同合力，构建基层社会治理新格局。

2. 以"近邻"要求提升治理能力，推动网格员全员、全天候、全覆盖下沉社区，居民诉求及时响应、高效办理。人民群众的获得感、幸福感、安全感是基层社会治理的工作目标，更是检验基层社会治理成效的试金石。赛克社区积极推动网格员全员、全天候、全覆盖下沉社区，做到居民诉求有响应，事事落实有回应。习近平总书记强调，社区工作是具体的，要坚持以人民为中心，摸准居民群众各种需求，及时为社区居民提供精准化精细化服务。赛克社区"1314"基层社会治理"近邻"模式，最本质的内核就是"以情动人"，除了邻里之间关系亲近，网格员也要与社区居民情同家人，像了解自己的亲人一样对网格内居民的情况了如指掌。社区网格员通过柔性的情感式入户、常态的串门式入户、精准的分类式入户，不断拉近与居民的距离，建立紧密联系，形成"社区一家亲、居民一条心"的良好工作局面。

3. 以"近邻"模式应对发展变化，坚持转变思路、改革创新，在新形势下促进各族居民交往交流交融。2023年6月，习近平总书记在内蒙古考察时强调，铸牢中华民族共同体意识是新时代党的民族工作的主线，也是民族地区各项工作的主线。这一重要指示，为进一步做好新时代民族地区各项工作提供了根本遵循，也是民族地区基层社会治理的核心要求。随着城镇化的演进，各民族呈现人口大流动大融居趋势，社区居民结构发生明显变化。赛克社区紧抓主线、顺势而为，创新基层社会治理"近邻"模式，将邻里关系打造成新时代的亲缘关系，各族群众共居共学、共建共享、共事共乐，对"互嵌式"社区建设起到良好的推进作用。

志愿服务"融"治理 文明实践"育"新风
——赤峰市松州园社区组织开展志愿服务的生动实践

中共赤峰市委党校 麻亮亮

【引言】党的十八大以来,习近平总书记高度重视志愿服务在基层社会治理中的作用。他强调,志愿服务是社会文明进步的重要标志,是广大志愿者奉献爱心的重要渠道。要为志愿服务搭建更多平台,更好发挥志愿服务在社会治理中的积极作用。习近平总书记在党的二十大报告中提出"完善志愿服务制度和工作体系",为未来中国志愿服务事业的发展指明了方向、提供了遵循。在"把雷锋精神代代传承下去——纪念毛泽东等老一辈革命家为雷锋同志题词六十周年"座谈会前夕,习近平总书记作出重要指示,强调"不断发展壮大学雷锋志愿服务队伍","让雷锋精神在新时代绽放更加璀璨的光芒"。

一、背景

赤峰市红山区站前街道松州园社区始建于1999年,距今已20多年。社区占地面积0.14平方千米,住宅楼33栋。截至2024

年，社区居民 1697 户 5110 余人，老龄人口占比高达 70%。社区现配工作人员 6 名，党总支下设 2 个支部，直管党员 98 名。作为一个相对集中和封闭的居民住宅区，松州园社区创建之初，虽然仅有 3 名工作人员，但小区的基础设施、道路绿化、物业管理、治安环境均在全市前列，社区内还有 100 多个商业网点，形成了 15 分钟便民生活圈，居民幸福感较高。

随着时间的推移，经济社会的迅速发展，居民对生活品质提出了更高的要求，老式居民区的问题逐渐暴露出来。社区内数量较多的便民商业网点，导致了往来流动人员较多、居住人员构成复杂等问题。曾经环境优美的社区，逐渐出现基础设施不完善、绿化管护不到位、道路坑洼不平、排水管网不畅、物业管理差、停车位不足等问题。与此同时，社区工作人员少，每人身兼数职，基层治理力量不足，居民反映问题解决不及时的情况时有发生。这些都成为社区治理中亟待解决的痛点和难点。

二、主要做法

在松州园社区治理工作遇到难题的时候，社区党组织号召党员志愿者参与到基层治理工作中。党员志愿者有效缓解了社区治理人手不足的情况，特别是在居民信息采集、老弱病残帮扶等方面发挥了突出作用。2002 年，松州园社区学雷锋志愿服务队正式成立，松州园社区也成为赤峰市最早成立志愿者服务队的社区。2013 年，松州园社区充分利用自身优势，组建"圆梦起航"志愿服务队，社区志愿服务逐步走上制度化、规范化、科学化的轨道。松州园社区始终践行"学习雷锋、奉献他人、提升自己"的理念，以服务社区、服务居民为出发点和落脚点，大力弘扬雷锋精神，不断壮大学雷锋志愿者队伍，逐步完善学雷锋志愿服务体系。2015年，松州园社区被自治区党委宣传部评为"学雷锋示范点"。2016年，在中宣部公布的第一批50个"全国学雷锋活动示范点"中，松州园社区成为内蒙古唯一一家榜上有名的单位。2020年，在宣传推选学雷锋志愿服务先进典型活动中，松州园社区被自治区党委宣传部推选为"优秀志愿服务社区"。如今，松州园社区重点打造新时代文明实践站，积极探索以党建为引领，以志愿服务"融"社区治理，以文明实践"育"新风正气。

（一）主要做法

1. 党建引领，志愿服务阵地建设强

第一，制度保障，共商共建共治共享。松州园社区以社区党总支为"圆心"，联合党建共建单位、辖区派出所、市场监管所、城管大队、街道社工站组成网格队伍，按照《松州园社区联合党委运行机制》，每月召开网格党建联席会议，集中讨论研究解决辖区居民要事、难事，统筹全局、多方联动，形成工作"一盘棋"。依照《松州园社区党员双报到管理办法》，将党员"双报到"与"我的新红山"APP网络平台志愿服务认领项目有机结合，依托网上平台，做到"双报到"精准下沉，为社区治理、服务居民凝聚合力。2022年，松州园社区作为红山区首批"志愿者动员管理试点"，试行《志愿服务公益积分奖励办法》，依据志愿者的服务时长、服务内容和服务质量评价核定积分，志愿者可持"新时代文明实践志愿者积分卡"在社区兑换礼品。试行《楼栋长管理和评议办法》，选聘楼栋长（志愿者）纳入网格管理，将楼栋志愿服务充分融入社区治理。志愿者动员管理工作进一步制度化、规范化。2023年，赤峰市首个"社区微基金"试点项目在松州园社区启动，签订《社区微基金管理制度协议》，通过爱心企业捐赠、志愿者募集、社区自筹等方式链接社会慈善资源，全方位聚合社会优质资源和服务力量，发挥社区基金赋能基层治理的新动力。

第二，平台建设，打造新时代文明实践站。松州园社区以新时代文明实践站为着力点，打通了宣传、引导、服务群众的"最后一米"。探索以社区党组织为核心，以社区居委会为主体，以社区群团组织、社区志愿组织为中坚力量的"社区+党员+群众"模式，满足居民需求多元化。线上利用"我的新红山"APP网络平台，积极打造"互联网+党建+志愿服务"平台，增设"志愿者动态宣传""志愿者多彩活动""志愿者贴心窗口""志愿者平安网格"专栏，真正把志愿服务活动开展到每家每户。线下探索"文明实践站+网格治理"模式，依托网格治理工作，打造文明实践阵地建设、工作机制、资源整合，构建覆盖社区的文明实践多级网格。组织党员志愿者带头，参与"续写雷锋日记""党员志愿日志"等文明传播活动，充分发挥了弘扬优秀传统文化、传播文明时代新风、关爱服务群众的作用，进一步培育和践行社会主义核心价值观。

第三，队伍打造，组建社区志愿服务队。松州园社区新时代文明实践站现共有8支社区志愿服务队，在"中国红山志愿服务云平台"注册的志愿者达到500余人。2013年打造的"圆梦起航"志愿服务队以社区支部为依托，联合共建单位、辖区企业，为居民开展各项志愿服务活动。在服务居民的过程中，志愿者队伍不断壮大，社区在统计整理居民需求后，又陆续组建了6支特色服务队，分别是文化传承志愿服务队、植绿护绿志愿服务队、平安建设志愿服务队、爱心义诊志愿服务队、清洁环境志愿服务队、助老助残志愿服务队，不拘形式开展各系列常态化志愿服务活动。针对老龄人口多的突出特点，松州园强化社区为老服务，2017年依托站前街道首届社区公益"金点子"提案大赛，联合社区公益社会组织，打造了"银铃义剪"志愿服务队，主要面向社区高龄老人、残疾老人、孤寡老人，为高龄群体提供理发、剪指甲、打扫卫生等上门服务。从2002年的学雷锋志愿服务队，到2013年的"圆梦起航"志愿服务队，再到如今的8支社区志愿服务队，松州园社区团结和凝聚了零散的志愿者力量，打造了特色的志愿者队伍，充分发挥了党组织的"主心骨"作用。

2. 多方参与，志愿服务"融"治理

第一，以个性化需求为导向"融"民生。松州园社区探索"党员带动、志愿感动、项目驱动"的志愿服务活动，以关爱残疾人、留守儿童、空巢老人为重点，使社区人才在志愿服务中发挥特长，充分满足居民个性化需求。设立"社区人才库"，将优秀党员、热心居民、具备专业技能的人才纳入其中，根据党组织和社区居民实际需求分派任务。以党员为示范先锋作用的"圆梦起航"志愿服务品牌，助力社区治理的6支特色志愿服务队常态化在松州园社区开展活动。

第二，以精细化服务为抓手"融"网格。松州园社区构建以社区党总支为核心，居民协商议事会、小区物业管理委员会、志愿服务组织、社会公益组织共同参与的"一核多元"现代化社区治理体系，打造共商共建共治共享的社区治理新格局。按照"网格长+网格员+网格助理员"的模式和"专兼结合、一员多能"的原则，为每个网格组建网格管理队伍。社区以400户为单位，合理划分4个网格，由社区工作人员担任网格长。开展楼栋志愿服务模式，选聘33名楼栋长（志愿者）全部纳入网格党组织管理，强化网格化管理队伍。将公安、城管、市场监管所纳入网格化管理中，随时与社区工作人员沟通信息，深入网格内排查和处置治安、消防安全、城市管理等问题，实现了社区管理服务全覆盖。社区建立网格化管理"三必访、三必看、三必查"的工作要求。"三必访"：一是收集群众意见、建议；二是掌握居民信息和诉求；三是对居民关心的事主动回访，及时结案。"三必看"：一看高龄老人；二看困难、残疾群体；三看孕产妇、新生儿家庭。目的是及时了解三类群体生活现状，主动提供所求所需。"三必查"：一查流动人口、出租房屋，摸清情况；二查矛盾纠纷，及时上报、迅速解决；三查特殊人群，掌握信访人员情况动态。真正做到了"小事不出网格，大事不出社区"，拓展了"上面千条线，下面一张网"的工作格局。

第三，以多元化共治为途径"融"物管。2019年，自治区启动老旧小区改造工程。作为自治区老旧小区综合改造试点，松州园社区加装121部电梯，新建装充电桩210个，新能源汽车充电桩36个，同时对小区环境进行了基础性和节能型双重改造，修复破损基础设施，完善生活配套服务。经过城市精细化管理改造后的小区，传统的物业管理模式已经不能满足当前需要，居民对物业管理与社区服务提出了新的要求。以"老旧小区改造工程"为契机，松州园社区成立了红山区首个物业管理委员会（以下简称物管会）。物管会成立后，监督管理物业服务，公示物管会职能、居民（居民代表）决策，监督物业公示物业条例、物业服务范围，定期公示物业网格服务清单。将社区志愿服务队有机融入物业管理中，充分发挥居民党员模范带头作用，使物业协同社区共同提供环境卫生保洁、安全隐患排查、公共设施维护维修等服务。探索创新党组织领办物业企业经济实体，健全完善"社区党总支

+物管会+物业服务企业"的"红色物业"党建联建机制，把"红色服务"引入社区。依托"红色物业"，松州园社区将小区居民的回家路线打造为"彩虹路"，回收废旧材料改造成为沿途景观，把外墙美化与社会主义核心价值观、中国优秀传统礼仪文化有机结合，打造社区参观宣传阵地。同时，社区还开展年度"文明单元""最美志愿者""最美家庭"评选，引导100余名有热情、有想法、有经验、有才能的党员群众组建"妇女恳谈会"，实现了环境优美、氛围和谐、营商井然的新小区新气象。

3. 凝聚民心，文明实践"育"新风

第一，以宣讲科普"育"文明新风。松州园社区把理论学习、党员教育与服务群众有机结合起来。严格落实"三会一课"制度，通过送学上门、网络微课堂、线上座谈会等形式，破解流动党员、老龄党员教育管理难题。开展"学习贯彻党的二十大精神""铸牢中华民族共同体意识"等主题宣讲活动，组织参观廉政教育警示基地等主题党日活动，引导社区党员进一步坚定理想信念，营造风清气正的良好氛围。社区志愿者日常定期开展消防安全、反诈骗安全等宣传教育，联合赤峰市总工会开展"国家网络安全宣传周"宣传活动，邀请红山区消防救援大队消防培训中心对小区居民、物业全体职工及辖区商户进行消防安全知识培训，与赤峰市红十字北疆应急救援队联合开展公众应急能力提升行动等。社区新时代文明实践站还结合传统节日，精心设计喜闻乐见的活动来弘扬中华优秀传统文化，如清明节前夕在红山区南山公墓英烈园开展清明祭扫活动，春节前夕组织开展以铸牢中华民族共同体意识为主题的文艺汇演活动。

第二，以特色服务"育"便民新风。松州园社区居民老龄人口居多，为老年人提供特色化"定制服务"。特色志愿服务提高了社区高龄老人、困难群体的生活品质，用实际行动为居民提供便利服务。针对老年人行动不便、手续办理程序复杂等问题，社区通过党群服务中心链接公共服务、社创服务等多维服务项目推行"一站式"办理，让居民"少走路、一次办""最多跑一次"。针对需要办理补助津贴的行动不便的老年人，从申请、填报、预约银行上门办理，到后期的身份审核认证，"圆梦起航"党员志愿服务队主动负责上门办理，让特殊群体足不出户享受国家惠民政策。针对高龄老人和残障人士外出理发困难等问题，重点打造了"银铃义剪"志愿服务队项目，社区60周岁以上的居民均可享受家门口免费理发服务。松州园社区还联合赤峰上京医院、妇产医院、忠冠口腔，定期开展"爱心义诊"志愿服务活动，如开展常见病多发病的防治、家庭急救知识科普讲座，举办眼科、口腔、内科、外科、妇科等义诊活动，为困难群体、新就业群体发放免费体检卡。

第三，以奉献精神"育"时代新风。多年来，松州园社区志愿服务队为广大居民群众解决社区矛盾纠纷、提供生活便利，也同样影响带动了更多人加入志愿队伍。发扬共产党员的奉献精神，坚持为社区居民做好事、办实事、解难事。离退休干部苏玉峰，坚持"退休不退本、退岗不褪色"，主动到社区报名参与志愿服务，发挥党员先锋模范作用，也影响带动了更多人参与志愿服务。李继光、王骞一家是松州园社区2021年内蒙古自治区最美家庭标兵户。疫情期间，李继光主动到社区申报志愿者工作，保社区一方平安；王骞作为党员志愿者，积极协助社区工作；大儿子李岳达，深受父母影响，闲暇时间做义工，在乌敦套海镇中心小学二牌子教学点做公益、送教学物资。热心公益的"模范家庭"，用平凡生活中的点点滴滴诠释了良好家风的传承。

（二）取得成效

1. 党建赋能，文明实践走深落实覆盖广

2023年，松州园社区全年联合共建单位开展各项惠民服务30余项，开展社区"双报到"志愿服务活动25次，调解各类疑难复杂矛盾纠纷50余起，开展社会组织专业化服务15次。社区在"我的新红山"APP网络平台上发布的项目均被及时认领并高质量完成，并将募集到的"社区微基金"统筹用于居民积分兑换、小区环境卫生整治、困难群众帮扶等方面。在年底开展的志愿者积分兑换奖励和表彰活动中，共兑换奖励150人次，表彰优秀志愿者50人。社区新时代文明实践站全年开展大型志愿服务活动20余次，受益居民达4300余人。目前，"圆梦起航"服务队志愿者平均年龄38岁，全年服务时数达600余小时，服务人次超过2000次。社区居民逐渐形成了"有困难找党组织，有需要找志愿者，有时间做志愿者"的群体效应。

2. 志愿服务"融"之精细，社区治理加动力

志愿服务队充分发挥常态化巡查的作用，有效解决了社区物业日常"管不上、管不住、管不好"的问题。楼栋志愿服务模式使"三必访、三必看、三必查"的工作要求得到有效落实，把志愿服务的特色优势贯穿到网格管理全过程。物业管理委员会的成立，充分激发了居民自治的动力。"红色物业"宣传阵地的打造，使社区环境焕然一新，有效满足了居民多元化需求。"妇女恳谈会"的组建，年度"文明单元""最美志愿者""最美家庭"的评选活动，促进了邻里关系和谐，小区内部利益纠纷下降70%，社区居民的参与度和幸福感显著提升。

3. 文明实践"育"之有效,时代新风润人心

宣讲科普活动使居民更乐于配合社区工作,特色志愿服务更是社区居家养老服务的有效补充。"圆梦起航"志愿服务深入人心,队员电话早已成为"便民热线";"银铃义剪"理发手艺认可度高,深受辖区老人喜爱;"爱心义诊"让居民在家门口享受"医疗套餐",受到居民一致好评。松州园社区营造的全民参与、多元共治的良好氛围,带来了"垃圾分类示范社区""志愿者动员管理试点""社区微基金"等试点项目,勇当探索志愿服务融入社区治理的先行者。随着志愿服务的常态化、规范化、制度化,志愿者队伍不断壮大,志愿精神融入日常、化作经常,不仅进入小区、进入楼栋,还进入邻里、进入家庭,凝聚更多向善力量。

三、经验启示

松州园社区持续开展志愿服务活动已有20多年,获得"全国学雷锋活动示范点"、自治区"优秀志愿服务社区"等荣誉,多次被评为"赤峰市志愿服务最美社区"。松州园社区的志愿服务已然成为一块"金字招牌"。站前街道以松州园社区为范本,陆续打造了迎宾路社区新时代文明实践站和铁北社区新时代文明实践站,让志愿服务赋能更多居民。志愿服务作为创新基层社会治理的重要力量,是社会主义精神文明建设的重要内容。松州园社区以党建为引领,以志愿服务"融"社区治理,以文明实践"育"新风正气,有效化解了社区治理中的痛点和难点,切实提高了居民的参与感和幸福感。

(一)坚持党建引领,为志愿队伍建设提供组织保障

松州园社区坚持党建引领,由社区党组织总揽全局、协调各

方,鼓励社区、镇街机关党员、各机构、各团体踊跃参与,规范和打造特色的志愿者队伍。严格落实《志愿服务公益积分奖励办法》《楼栋长管理和评议办法》,定期公示"社区微基金"资金使用情况,提高社区志愿服务的公信力。线上利用"我的新红山"APP网络平台及时跟进志愿服务项目需求,线下以新时代文明实践站为依托,将志愿服务与网格治理有机融合,构建覆盖社区的文明实践多级网格,充分体现了新时代文明实践站"服务居民,奉献社会"的宗旨。

(二)发动居民参与,增强治理能力提升的主体力量

松州园社区发动居民参与,设立"社区人才库",做好志愿者人才储备工作,发挥志愿者优势特长,充分调动志愿服务积极性。开展楼栋志愿服务模式,将楼栋长(志愿者)纳入网格党组织管理,随时掌握网格动态,充分体现了社区志愿服务延伸触角、深度参与社区治理的特色优势。率先成立红山区首个物业管理委员会,探索社区志愿服务队融入物业管理新模式。探索党组织领办物业企业经济实体,健全完善"红色物业"党建联建机制,联合打造社区参观宣传阵地,以"红色服务"提升居民自治能力,促进社区和谐稳定。

(三)强化宣传引导,夯实弘扬新风正气的思想基础

松州园社区强化宣传引导,不拘形式开展各类宣讲及科普活动,提升了居民科学素养,有效降低了政策的沟通成本,提高了居民政策执行配合度。把握社区老龄人口众多的突出特点,重点打造以党员为示范先锋作用的"圆梦起航"志愿服务品牌和以高龄群体为服务对象的"银铃义剪"服务组织,抓住居民普遍关心

的问题，扩充社区老年服务的"主力军"，使志愿服务深入人心。定期开展志愿服务积分奖励兑换、优秀志愿者表彰、年度"文明单元"评选等活动，激发更多居民参与志愿服务的热情，以社区正能量引导"好家风"，弘扬新风正气，培育时代新风新貌。

推行村民小组"微治理" 为民服务"零距离"

——五原县夯实乡村振兴治理根基的探索与实践

中共五原县委党校 罗志雄

【引言】乡村治，百姓安，国家稳。2016年，习近平总书记在农村改革座谈会上指出，农村地域辽阔，农民居住分散，乡情千差万别，加强和创新社会管理要以保障和改善民生为优先方向，树立系统治理、依法治理、综合治理、源头治理理念。2017年，习近平总书记在中央农村工作会议上指出，健全自治、法治、德治相结合的乡村治理体系。习近平总书记在党的二十大报告中指出，健全基层党组织领导的基层群众自治机制，加强基层组织建设，完善基层直接民主制度体系和工作体系，增强城乡社区群众自我管理、自我服务、自我教育、自我监督的实效。2022年，习近平总书记在中央农村工作会议上强调，要完善党组织领导的自治、法治、德治相结合的乡村治理体系，让农村既充满活力又稳定有序。2024年，习近平总书记在中央农村工作会议上指出，要加强农村基层党组织建设，提升党建引领基层治理效能。

一、背景

五原县隶属内蒙古自治区巴彦淖尔市,紧邻黄河北岸,是全国"七区十三带"农产品主产区之一,素有"北方粮仓,塞外江南"之称。全县总面积2544平方千米,约占河套灌区总面积的1/4,耕地全部引用黄河水自流灌溉。县辖8个镇、1个乡、1个农场、128个行政村、771个村民小组,全县常住人口21.63万,其中农村人口10.32万,是典型的农业大县,也是河套农耕文化的发祥地。在有限经济条件下,如何让老百姓过上幸福健康、稳定和谐的生活,如何实现五原县经济社会的长效发展,这就需要我们不断去发现解决农村中存在的每一个问题。多年来,五原县乡村治理面临着"一收就死,一放就乱"的难题,村"两委"干部普遍面临"有心无力""鞭长莫及"的窘境。主要表现在六个方面:一是村党组织的组织力不强、延伸不够。每个行政村平均有党员70多名,且居住分散,党组织活动难集中难开展;有的村"两委"班子不主动干事,更不愿意担事,有"当一天和尚撞一天钟"的思想,党组织的领导核心作用不突出。二是农村税费改革后,对村民的教育管理缺失。一些村民拒缴农业水费,不愿主动参与村内公共事业,集体活动不出工不投劳,公益事业集资难。三是村民自治效果差,村庄长效管理难。一方面,村"两委"在对村民的教育、管理、服务方面做得还远远不够,没有充分发挥村民自治的作用,像民主选举、民主管理、民主监督的职能还没有凸显出来;另一方面,农村环境的长效管理没有形成一套长期行之有效的做法。四是乡风文明建设没有抓手。村民法律知识贫乏,法治意识淡薄,不和谐的现象时有出现。五是对村组干部缺乏有效的监督。村民权利意识淡薄，对村组干部缺乏有效的监督约束，再加上少数干部作风不实、优亲厚友，对惠农项目资金"雁过拔毛"的"微腐败"也不同程度存在，造成村内矛盾激化，党群干群关系紧张。六是规模化、组织化发展存有瓶颈。随着农业现代化的不断发展，在农村生产经营过程中，土地流转、规模化种养殖是必然要求，但五原县目前的农业还是以传统种养殖为主，农业产业化、规模化、组织化发展及科学化经营管理还远远不够。

为切实加强农村基层组织建设，不断提高党的执政能力和领导水平，五原县将教育、管理和服务向村民小组延伸，通过推行村民小组"微治理"，为健全乡村治理模式、重构乡村社会新秩序提供了基本遵循，为全面加强乡村基层民主法治建设，满足乡村人民美好生活需求提供了有效路径。

二、主要做法

乡村振兴，治理有效是基础。必须把夯实基层基础作为固本之策，建立健全党委领导、政府负责、社会协同、公众参与、法治保障的现代乡村社会治理体制，坚持自治、法治、德治相结合，确保乡村社会充满活力、和谐有序。五原县推行村民小组"微治理"，经历了由最初实施不诚信村民管理办法—诚信村民管理办法，由村民小组"微自治"—村民小组"微治理"，由个别示范—全面推广的发展阶段。2017年12月29日，五原县委下发了《关于全面推行村民小组"微治理"的实施办法》，通过组建"微组织"、开展"微服务"、推行"微教育"、实行"微管理"、强化"微监督"、落实"微调处"，全面提升自治、法治、德治相结合的乡村治理水平。

（一）组建"微组织"，让核心强起来

村民小组在现实生活中就是一个熟人社会。如何利用这一天然的熟人资源，实现乡村的有效治理？一是成立村民小组党支部。发挥党组织的核心引领作用，将村级党组织进一步向村民小组延伸，凡有正式党员3名以上的村民小组，由村党总支向所在乡镇党委申请成立党支部，党支部成立后，由乡镇党委报县委组织部备案。村民小组党支部书记由党员身份的村民小组长兼任，村民小组党支部由村党总支统一管理，并按照"学习在村、活动在组"的原则，村党总支依托村级组织规范化建设要求，组织村民小组党支部按时参加所在村的"三会一课"活动，认真开展好党员"全链条"管理等相关工作。二是成立村民理事会。发挥村民理事会的协调配合作用，由村"两委"、村民小组长根据小组实际，协商提出建议名单，并经小组内村民会议投票确定3—5名理事会成员，理事会理事长由村民小组长兼任或由理事会成员选举产生，代表村民对本小组范围内的公共事务开展议事协商，实行民主管理和监督。三是成立其他村民自治组织。发挥村民自治组织的主动参与作用，鼓励以村民小组为单位，成立党员先锋队、青年志愿者协会、巾帼服务队等志愿服务组织，并接受村民小组党支部的统一领导。四是成立村务监督委员会。发挥村务监督委员会的日常监管作用，对"三务"公开和水费收缴等事项进行常态化监督，重点解决村民关注和反映的突出问题。如何让组建的"微组织"更加切实有效？从乡镇的角度来讲，要发挥好总领作用，特别是包村干部要把"微治理"的政策研究透，要深入调研做好宣传动员工作。从行政村的角度来讲，要发挥好引领推动作用，要充分调动各小组长、党员和村民代表的积极性和主动性。

从村民小组的角度来讲,要发挥好具体操作的作用,要充分掌握并挖掘本村的优势资源,多发现村里的能人和优秀的团队。

(二)开展"微服务",让民心聚起来

建立县、镇、村、组四级便民服务网络,突出村民小组服务能力建设,实现便民服务"全覆盖"。一是突出政治功能。以提升组织力为重点,将村民小组党支部政治功能寓于服务功能之中,协助村党总支抓好党员教育管理,直接组织和领导小组内党员积极参加各类活动,发挥先锋模范作用,激发村民参与热情,更好地服务群众需求。二是发展公益事业。按照当前五原县农村的实际情况,可以把村民小组里邻里关系比较好的10—15户村民组织起来划分为一个网格,村民理事会成员兼任网格长或由网格住户自行推荐产生网格长,党员或村民代表兼任网格员,协助村民小组理事会开展工作,共同服务村民小组成员居住的范围,共同建设和维护生产生活基础设施,改善村容村貌,实现村庄长效管理。比如,下雪时,几户人家共同扫雪。如果每个小组能划分出这样若干个网格,环境的长效管理问题也会随之解决。三是服务生产生活。立足村民"微心愿",动员发动各类志愿服务组织,广泛开展民事代办、志愿服务、帮困带富、邻里互助等"微服务"。依托便民服务网络,为村民提供社保低保、电子商务、信用贷款、惠民补贴等代办服务,实现"人到格中去,事在网中办",使党的惠民主张变为服务村民的自觉行动。

(三)推行"微教育",让村风好起来

聚焦村民教育缺失,聚力补齐短板,致力培育懂农业、爱农村、爱农民的"三农"工作队伍。一是从思想抓起。村党组织要

依托"北疆先锋大讲堂"、"村村响"、流动党校、远程教育等载体,定期更新内容、按时播报,多宣传老百姓喜闻乐见的文化内容。特别是要发挥好村民微信群的作用,乡镇的包村干部、村党组织负责人要定时向村民微信群推送老百姓关心的国家大事、县里的惠农政策、涉农重点工作、农业科技等内容。二是从行动做起。宣传部、党校、农牧、科技、就业、妇联、文明办等部门要发挥"微教育"主力军作用,积极整合"党建直通车"、"道德讲堂"、农技培训、创业就业培训等资源,持续开展党的二十大精神宣讲、社会主义核心价值观、政策法规、家风家训、中华优秀传统文化等"菜单式"教育。要依托"宣讲团""理论轻骑兵""百姓名嘴"等本土师资,开展好"点对点"教育,引导村民讲文明树新风。三是从榜样学起。乡镇党委和村党总支要大力开展文明村镇、"平安村组"创建和"优秀党员户"、"精巴媳妇"、致富能手、道德模范、身边好人、十星级文明户、双百佳农牧民评选,引导村民比作为争先进,形成良好氛围。结合"固定党日""党务活动月"广泛组织发动村民,参与植树造林、环境整治、扶贫济困等实践活动,组织开展"尽责圆梦""家风耀北疆""德耀巴彦淖尔"等主题活动,引导村民讲风格比奉献。

(四)实行"微管理",让群众动起来

对村民小组实行"十星级"管理,立足问题实际,推行诚信村民管理办法,使村民自觉履行义务。一是要事前立规矩。组织村民商定村规民约,建立信用评价体系,将道德品行、水费交纳、投工投劳、"十位一体"建设等事项列为重要评价内容,让诚信管理有具体的衡量标准。可利用道德讲堂、文体活动、社员会、公开栏、金喇叭、标语、传单、村民必读等形式,广泛宣传诚信

建设的内容和诚信缺失的危害，形成"诚信得实惠、失信受惩罚"的村风民风。二是事中讲规矩。首先，各乡镇村组要制定一套适合本村的管理办法，切不可照搬套用。在几次的调研中，我们发现大部分村小组的《诚信村民管理办法》中考核指标都一样。比如，和胜乡的和丰村不存在拒交水费的现象，如果我们还把它作为一项考核指标，那么就没有意义。其次，各乡镇村组要深入分析自身实际，关键是看村小组中存在哪些突出问题，我们就把它作为不诚信的考核指标。最后，要逐户建立村民诚信档案，结合村民日常行为和参与公益项目具体表现，由村民理事会指定专人对照诚信评价项目，随时记录，定期公开，及时提醒，用规矩和事实说话，一把尺子量到底。三是事后懂规矩。年底统一汇总村民诚信评定结果，对诚信缺失、屡教不改的村民，列入诚信"黑名单"，在项目争取、政策扶持、临时救助等方面进行限制。对评定为不诚信村民的党员，按照《后进党员"回炉"教育管理办法》进行教育。特别要注意的是，在实施"微管理"的过程中，乡镇、村组要形成整体合力，重点是形成责任共同体。比如，考核中出现了不诚信村民怎么办。这是村民集体评定的结果，但是在处理过程中，行政村、乡镇要给村民小组长做好后盾，明确告知是三级统一形成的意见，避免小组长陷入为难和畏难的窘境。

（五）强化"微监督"，让纪律严起来

始终保持正风肃纪的高压态势，构建形成"三防六控"廉政防控体系和县镇村组四级举报体系。一是下沉村务监督职能。将村务监督委员会职能向村民小组延伸，可根据实际在村民小组"微组织"成员中确定一名村务监督员，紧盯村民征地拆迁、集体资金管理使用等重要环节，加强对村组干部和"微组织"成员

的监督。二是构建廉政防控网络。加强县镇村组四级监督力量，以群众监督为主力，充分发挥特邀监察员、政风行风评议员、财务监督员、纪委委员、村级纪检员、村务监督员"六员"的监督、检查、预防和宣传作用，提升村组干部廉洁自律水平。三是严厉惩治"微腐败"。扎实开展资金大清理、财务大清查和线索大起底等工作，坚决防止"雁过拔毛"式腐败和"蝇贪"问题发生。实行理事会公开践诺和"三务"公开，将群众满意度作为评选优秀村民小组长的第一标准，真正让人民监督权力，让权力在阳光下运行。

（六）落实"微调处"，让矛盾小起来

坚持问题导向，创新体制机制，全面提升社会治理能力。从源头上化解矛盾，防患于未然。一是宣传教育在网格。进一步加强法治教育宣传，充分解决好群众合理诉求和思想疏导工作，突出初信初访办理实效，开展党政领导轮流接访、定期下访、重点约访活动。二是问题排查在网格。创新推行"133"平安创建机制（"1"，建立一本平安隐患问题台账；"3"，一问题一方案、一问题一专人、一月一调度；"3"，无案、无访、无事故目标），网格员定期走访排查，完善社情民意记录，发现"微矛盾"由网格员提前介入，进行"微调处"，及时收集和反馈群众意见建议，从源头减少矛盾纠纷隐患和数量，确保"小事不出格、大事不出镇、难事不上交"。三是机制创新在网格。推行政法机关"书记五长"下基层（政法委书记、公检法司一把手、信访局局长）、和"小三长"进村组（司法所长、派出所所长、法庭庭长），持续开展社会治安秩序"大提升"、交通秩序"大整治"、执行难题"大破解"、信访难题"大化解"、行业乱象"大治理"。四是矛

盾化解在网格。县镇村三级综治中心实战化运行,针对"小隐患、小矛盾、小纠纷、小事情",组织"政法委员小三长"、网格员提前介入、联调联动,进村入户化解矛盾,强化信访积案攻坚,将矛盾化解在"微组织"的言语劝解中。

近年来,五原县推行村民小组"微治理"取得了显著成效。一是基层党组织的组织力显著提升。五原县突出政治功能,通过优化组织设置、建强带头人队伍、完善制度机制等方式,让党的基层组织强起来,有效破解了党组织向下延伸难的问题。全县共组建农村党组织388个、农村合作组织党组织127个、其他自治组织786个,参与党员群众7461名。党的政治优势显著增强,组织群众、动员群众、教育群众、引导群众的作用得到充分发挥。比如,新公中镇团结村六组党支部带领村民积极盘活资源建设砖窑,每年为村民小组集体经济增收3万元,党支部服务群众的物质基础更加坚实。隆兴昌镇义丰村《"四微"治乡村 枝叶总关情》入选内蒙古乡村治理典型案例。新公中镇永联村荣获全国乡村治理示范村称号。二是党员的先锋模范作用充分发挥。充分发挥农村党员的先锋模范作用,引领带动村民筹资投劳建设和维护基础设施、发展壮大集体经济、调整产业结构、改善村容村貌。围绕村民"微心愿",开展民事代办、志愿服务、邻里互助等"微服务"1024场次,帮助39个建档立卡贫困村6271名贫困人口精准脱贫,使党的主张变为群众的自觉行动。比如,和胜乡和胜村四组党支部号召11名党员捐资6万元,带领小组村民采取投工投劳的方式,新建村民小组活动室140平米,节约开支10万元。三是村民的教育管理实现常态长效。以"党支部建设年"活动为载体,以固定党日"5+X"制度为抓手,全面推行党员"全链条"管理,组织各类村民教育培训560场次,受众人数达到

1.5万余人次。771个村民小组因地制宜、因村施策,组织村民制定、完善和遵守村规民约,全部推行诚信村民管理办法,水费收缴难、投工投劳难等问题得到了根本解决。比如,套海镇向阳村十组自推行《诚信村民管理办法》以来,全村没有一户农户拒交水费、没有一名党员拖欠党费、没有一户农民不投工投劳,落后村、信访村变成了示范村、先进村。四是村干部不能腐的笼子越扎越紧。依托"六员监控"构建县镇村组四级廉政监督网,以群众监督为主体,加强对村组干部权力的制约和监督。全面完成117个行政村771个村民小组资金大清理、财务大清查和线索"大起底",查处"雁过拔毛"式腐败案件47件,给予党政纪处分48人,挽回资金350多万元,对村组干部的约束监管更加有效,乡村治理的法治基石更加坚实,群众对村务监督、"三务"公开的满意度明显提升。五是乡村综合治理体系不断加强。紧紧围绕基层党建、产业发展、乡风文明、干净人家、美丽庭院、生态村庄、村容整洁、乡村文化、平安建设、民主管理"十位一体"农村综合治理,开展村民自治,服务生产生活。积极搭建"党建+互联网""支部+合作社+农户""党建+全域旅游""集体经济+富民强村"等农村"富民党建"平台,带动农户人均增收2000多元。每个村民小组3000元卫生保洁集资款足额收缴,村庄环境实现长效管理。242支党员突击队、345支巾帼志愿服务队、199个青年志愿者协会活跃于乡间,大小事务村内办理、矛盾纠纷村内化解,县镇村三级综治中心年均化解小隐患、小矛盾、小纠纷、小事情、小案件2000余件,调解成功率达到95%以上。比如,复兴镇永丰村网格化"微治理"土地纠纷化解工作法入选全区新时代"枫桥经验"典型案例,五原县获评"全国信访系统先进集体"。

三、经验启示

（一）加强党的领导是前提。党的路线方针政策，要靠基层党组织落实到田间地头。加强农村基层党组织建设，最重要的是发挥村党组织的领导核心作用，发展和完善党领导下的乡村治理机制，提高党的凝聚力、战斗力。五原县以实施农村"富民党建"为载体，以提升组织力为重点，突出政治功能，全县所有村民小组全部推行村党组织领导下的村民小组"微治理"，构建"网格化+"共建共治共享社会治理新格局，通过组建村民小组党小组、村民理事会、巾帼服务队等"微组织"，使组织设置更加优化，党组织覆盖到村民小组，筑牢了党的基层战斗堡垒。

（二）坚持农民主体是关键。村民自治制度是中国特色社会主义民主政治的重要组成部分。在乡村治理中，村民自治在体现村民意志、保障村民权益、激发农村活力等方面具有重要作用。五原县坚持顺民意、借民力、用民智，通过引导农村基层组织、社会组织和村民个人，有序参与项目建设、公益事业、村庄管理等农村发展事务，村民的参与感和获得感得到有效提升。村民更加注重自身形象，自觉履行义务、服从管理，村风民风更加文明和谐。

（三）强化部门联动是保障。乡村治理是国家治理的重要组成部分，加强农村基层基础工作，不能单靠乡村自身去完成，需要多方配合，各方联动。五原县将纪检、组织、统战、综治、财政、农科、民政、乡村振兴等部门的工作职能全部嫁接到"微治理"中，既有部门优势发挥，又有协同共治合力，真正搭建了共建共享平台，使各方力量积极参与到乡村治理的全过程，形成了上下联动、协调高效、整体推进的工作格局，为助力乡村振兴、实现治理有效奠定了坚实基础。

（四）完善治理体系是根本。有效的乡村治理是实施乡村振兴的基石。五原县坚持一切从实际出发，不搞一刀切、一风吹，将顶层设计与地方创造有机统一，从组织架构体系、自治制度体系、考核评价体系等方面入手，抓实工作载体，探索完善"六微"治理模式（组建"微组织"、开展"微服务"、推行"微教育"、实行"微管理"、强化"微监督"、落实"微调处"），逐步形成自治、法治、德治"三治结合"、规范有序、充满活力的乡村治理体系，使当前农村管理中实际存在、亟待解决的突出问题得到有效解决，为重构乡村社会新秩序，满足乡村人民美好生活需要提供了有效路径。

夯实乡村振兴的治理根基
——赤峰市敖汉旗萨力巴乡乡村治理的实践与探索

中共赤峰市委党校 孙静文 孟书玉 梁立达

【引言】 2019年3月8日,习近平总书记参加十三届全国人大二次会议河南代表团审议时强调,要夯实乡村治理这个根基。乡村治理是实现国家治理体系和治理能力现代化的重要内容,也是实施乡村振兴战略的基石。要加强农村基层基础工作,构建乡村治理新体系。2024年中央一号文件指出,推进抓党建促乡村振兴。坚持大抓基层鲜明导向,强化县级党委抓乡促村责任,健全县乡村三级联动争创先进、整顿后进机制。

一、背景

赤峰市敖汉旗萨力巴乡总土地面积386平方千米,辖8个行政村,56个自然村,112个村民组,共有5409户21000人。全乡共有16个党支部,648名中共党员。曾经的萨力巴乡总体属于欠发达地区、欠发达阶段的农业大乡,新老矛盾问题复杂交织,信访工作难点多、产业不强、发展滞后。

萨力巴乡面临的治理困境是具有普遍性。一是集体经济不强。2017年以前，全乡仅有2个村有稳定的集体经济收入，其余6个村年年入不敷出且债务缠身。村里矛盾增多、问题堆积、群众怨声载道，干部因"没钱"工作积极性也大打折扣。二是干群关系不够紧密。部分村民对村"两委"班子、乡镇干部不信任，部分村民不配合甚至阻挠项目推进。三是社会不良风气抬头，存在婚丧陋习等现象。四是党员先锋模范作用发挥不充分，部分党员意识不足、党组织生活参加不规范、服务群众缺乏动力和资源，基层党组织干事创业缺少帮手。五是乡村治理体系不严密，例如"吃拿卡要"的小微腐败现象降低了群众对党员领导干部的信任，不当处理信访案件加剧了群众"信访不信法"心理以及群体效仿效应。面对部分村民不文明行为、不合作、搞破坏的行为，干部"束手无策"。六是产业品类不够强，与带富村民的目标存在差距。如何在有限的资源条件下重塑干群关系、修补制度漏洞、发动党员群众、带领村民致富，始终考验着基层党员领导干部。

萨力巴乡坚持党建引领，全面排查化解矛盾纠纷，以创新举措夯实各项制度基础，通过"三治融合"的方式全面提升了乡村治理的效能。几年来，萨力巴乡先后获得"赤峰市民主法治示范村""自治区先进基层党组织""内蒙古自治区民主法治示范村""内蒙古自治区级文明村""全国农村集体财务管理规范化示范单位""全国造林绿化千家村""全国先进基层党组织"等荣誉，成功走出了一条西部地区实现乡村善治的可复制、可推广的路径。

二、主要做法

(一) 凝聚组织合力点燃发展引擎

习近平总书记强调，县级党委是一线指挥部，要集中精力做好抓基层打基础工作。党建引领的具体化即各级党组织务实重行，直面问题挑战、带头承担责任，这种头雁效应要在乡镇党委、村党组织、村党员和群众之间实现完整传导，才能发挥出基层党建引领的整体合力。

1. 乡党委担当作为，发挥"一线指挥部"作用

一要善于团结。"打造局部试点很难形成合力，工作必须整体推进，一个都不能落"，"党政班子14个人每个人都想干事，才能顺利推进"。二要敢于"亮剑"。萨力巴乡治理困境的破局之举是"乡村两级干部大走访"。"再难的事不能回避，我们一回避，村支部书记们就会往后躲"。萨力巴乡党委原副书记孙宝东同志说道："干还是不干，干到什么程度是经过思想斗争的。多年累积的矛盾纠纷错综复杂，化解难度大、风险高，但若不干，群众心结打不开，人心不齐什么事都干不成。"萨力巴乡党委班子召开7次会议，统一思想、统一意志、统一行动，决心不计个人得失，挑战矛盾纠纷化解难题。三要精于"立制"。矛盾纠纷化解治标，完善制度规范权力治本。乡党委通过整治微腐败、"三务"公开、推行"长牙"的乡规民约各方面的创新举措，使乡村治理规范有序、财务公开透明，集体经济安全稳定，村民共享利益，民心凝聚，可持续发展后劲十足。四要长于"谋利"。因需设项，"村民想要啥，我们就想尽办法争取啥资源项目"，调

动村民主动性。乡党委牢牢把握共同富裕的政治方向，利益分配方面坚持"村民优先、藏富于民"，"村民能做的、村民能想办法做的项目都给村民"，极大地激发了干部群众干事创业的热情。这要求乡干部既要廉洁自律又要经受住外部压力。

2. 村"两委"带动引领，发挥"头雁"效应

一是党员"带富"。鼓励村干部和党小组长先行先试，带头开展优质杂粮种植和特色养殖，探索发展设施农业。萨力巴乡将思想政治素质好、道德品行好、带富能力强、协调能力强的返乡创业人员、大学生村官、致富能手、退役军人、优秀党员充实进入村"两委"队伍中。富裕的村干部和党员才会吸引村民跟着干，群众利益是提升了村党组织的组织力、凝聚力和战斗力的坚实基础。此外，富裕能够有效遏制村级腐败，"富裕的村干部不屑于向集体经济伸手，什么样的监督都有漏洞，最重要的是监督产生不了活力，富裕的村干部会把集体财产放到最合适的地方"。二是规范权责。通过三项清单明确村级组织权责边界。从村级议事程序、"三资"管理、"三务"公开等方面开出了19条136项的"村级组织权力清单"，厘清村级党组织及村级"三委"人员的权力界限和各主体责任；"村级组织责任清单"明确规定责任必须为，重点解决基层组织和村"三委"人员不作为的问题，按照权责对等、违法必追究的原则，依据相关党规党纪和法律法规，全面梳理追责情形和追责依据，制定了责任追究机制，明确了实施主体、追责方式和追责程序，使追责情形变成了人人看得懂的"微小说"；"村干部负面清单"明确不该做什么，同时明确"法无禁止皆可为"，确保不把清单变成"镣铐"，使基层干部干事创业没有后顾之忧。三是考评促干。推行村干部"双述双评"考评监督制。村"两委"班子每半年向乡党委和村党员群众代表联席

会议进行述职，接受乡党委和党员群众代表测评、评议。同步建立村干部奖惩机制，将干部日常工作与绩效考核挂钩，奖优罚劣。"治理好不好、群众说了算，报酬多不多、绩效考核办"，"两委"班子作风得到切实转变，班子成员的宗旨意识、服务意识、奉献意识进一步加强，真正成为基层治理的核心。2022年，全乡8个村集体经济均突破20万元，其中七道湾子村达到30万元以上。2021年，萨力巴村党总支被中共中央授予"全国先进基层党组织"称号。

3. 党员做"先锋模范"，发挥群众作用

萨力巴乡党委原副书记孙宝东同志讲道："乡镇一共几十名工作人员，要服务好两万多老百姓，冲到一线做日常具体工作是不现实的，更不能靠拨经费去做，要靠群众自己把自己的事情管好，但谁来发动群众，只能是党员。"

（1）唤醒党员先锋意识，固化党员模范行为。首先，组织党员诵读手写的入党申请书，重温初心使命。其次，带党员重温历史。20世纪，萨力巴乡为彻底改变坡耕地"种一坡，拉一车，打一簸箕，煮一锅"之苦，7500多名党员群众开展轰轰烈烈的"梯田治理大会战"，留下了令人动容的光辉历史。老党员回到曾经风餐露宿、挨寒冒雪奋斗过的地方，"有的看完呜呜哭"。再次，召开正反两方面教育的党员动员大会，大会上讲道："咱们乡老百姓今天的好日子多亏了你们当年的奋斗，但今天如果说啥也不干，还天天挑事告状上访，耻辱不？"入情入理、循序渐进的党性教育，激发了党员争当先锋模范的激情，甚至有在外地的党员听说家乡的事后，主动回村要求包联几户。第四，党性教育后立即列出党员带头模范事项，并进行积极反馈。事项选择"搞好庭院环境卫生"这些力所能及的事，然后开始表扬，让群众知道做这些事的人是党员,这些好事是他干的,充分发挥熟人社会道德舆论的引导强化作用。

(2)用修身齐家的次序扩大党员发动群众的范围。村党员逐渐开始约束自己、约束家人、约束家族。"全村一共一百多口人,一名党员,一家四口,亲戚20多口,一名党员就管好了20多口,这20多口人再去影响别人,村子就治理好了。"同时,将党员巧妙划分到网格,乡干部说道:"不能按照居住位置机械地划分网格,农村是一个人情社会,要按照亲疏关系划分网格,亲人、朋友等亲密关系放在一起,互相有矛盾的不能放在一起。这样党员就好管理了。"

(3)用资金项目赋予党员服务群众的能力。要让党员有资源、有能力、有意愿服务群众。一是项目的组织实施,不以村为单位,而是以村民小组为单位。党小组党员自下而上掌握民意,上报项目意向。乡镇党委争取后,优先交由村民小组党员承接,让党员发挥带富作用。二是合理分配利润并进行财务监督和项目公开。假如项目利润是20%,10%的利润留给承担项目的党小组党员,剩下的10%必须分给党小组的老百姓,可作为村民合作医疗、供大学生读书等公益支出,确定支出方案后,经过"村财民理乡代管"的程序,经由村民代表通过,确保实现合理合法合规分配利益。三是广泛宣传。"让村小组党员上台,将项目咋来的、咋干的、咋分的讲给其他村民小组,起到广泛的示范带动作用。"萨力巴乡通过党建三级引领和发动群众,使项目符合百姓需求、利益百姓共享,避免了矛盾纠纷。"萨力巴乡修路,占谁家的树,占谁家个地头子,老百姓没有一个去告状的,他们会认为这修路是自己家的事。主人翁意识明显提高,团结合作水平大幅提升。"好的治理带来更多的项目,从而实现了社会治理和经济发展的良性循环。

(二) 贯穿制度建设夯实治理之基

"四议两公开""一事一议""双述双评""三务公开"等乡村制度规范是乡村治理体系的制度支撑,唯有将制度建设贯穿始终,破解制度空转难题,理顺复杂关系,才能夯实有效治理的基础。萨力巴乡"三务"公开的落地过程,充分展现了基础制度蕴含的巨大治理效能,体现了城乡社区治理重点在于制度落实层面的创新。

1. 做好制度落实的"顶层设计"

一是出台并逐年完善专项制度。为管好和用好村级集体经济收入,2018年萨力巴乡出台《萨力巴乡规范三资管理制度》,规定在壮大村集体经济项目实施之初,专门成立了由财政、农业、水利、纪检、组织、扶贫等站办所组成的工作组织,涉及发展壮大村级集体经济项目的确定、工程发包、对外出租等一律严格按照"5321"工作法进行操作,杜绝了一切暗箱操作。明确了各村必须按季度报账,大额度支出必须附村民代表会议记录、监委会签字等必要手续,严防村集体收益进个人腰包的现象。二是完善多元监督体系。乡党委选派8名"三务"公开监督员,一村一员,把监督的"探头"延伸到农村各个角落。充分调动乡党办、组织、财政、农经、民政、扶贫等站办所对"三务"公开监督的积极性,要求各责任主体按季度向乡纪委报送监督情况报告,乡纪委加强对站办所落实监督主体责任的再监督。按时对"三务"公开平台数据、查询机公开数据、公开栏公开数据以及报备数据进行清洗比对,重点发现和整治虚假公开、选择性公开问题。构建起群众监督、主体责任监督、监督责任监督有机统一的监督体系。三是加强对干部的考核监督。"三务"公开纳入日常监督,对发现的公开不及时、内容不全面、张贴不规范等问题进行现场反馈,对消极观望、行动迟缓、措施不力的村进行严肃追责问责,坚持制度执行与村党支部书记、村民委员会主任、村报账员绩效工作挂钩,防止"富了一个村,倒下一批人"等现象的发生。

2. 坚持制度执行的"实事求是"原则

一是财务公开清单要"细"。清单详细制定涵盖乡村振兴资金使用、重点项目建设、民政低保救助、涉农资金补贴发放、党员发展、村级财务等群众关心关注的2大类5小类41项具体公开公示事项。"十多年来,我们村再没有因为低保评定、贫困户识别、村集体资源发包等问题出现上访告状的情况。"萨力巴乡萨力巴村党总支副书记王春永深说。二是公开内容要"准"。不断优化"三务"公开监督方法,推行小额支出事后评估、民主评议、民主理财日等工作法,并从2018年开始施行"点题公开",针对群众质疑的事项实行菜单式公开,切实把人民群众关注什么就监督什么的理念落实落细,有效解决了大水漫灌式监督的弊端。三是公开形式要"全"。"三务"公开形式从当年的大红纸、公示栏,增加了便民服务大厅里的"三务"公开自助查询一体机、手机客户端二维码图像扫描的掌上"公开栏"及"萨力巴乡信息公开平台"微信公众号等,实现公开数据从墙上搬到网上,使村务监督"触"手可及、一览无余。四是公开内容要"真"。村里所有的收入和开支都是真实的,对看上去不合理但实际上合理的支出,不回避、不遮掩,与村民进行沟通汇报,坦诚表明困难,取得谅解和同意的,一并入账并进行公示,不存在"靠打印机、打印纸平账"的现象。村干部讲:"只有真实了老百姓才会信,制度才能立得住。"

3. 激活基层监督的"神经末梢"

上级监督太远、同级监督太软、群众监督太难,没有有效的监督,就会使各种制度的效力在村一级大打折扣。萨力巴乡多措并举织密了基层监督这张网。一是全覆盖宣传打好群众监督基础。"公开也要有人看"。推行"三务"公开后,将两万多张"村级三务公开ABC"明白纸发放到248个村(嘎查)的所有农户家中,"不看就给你讲",敖汉旗乡村两级干部走街串巷、走村入户,上门讲解"明白纸",特别是农村留守老人,确保"三务"公开群众知晓率达到100%。二是设岗定责发动无职党员监督。萨力巴乡按照"挂牌上岗、亮明身份、争做表率"的要求,对全乡无职党员进行设岗定责,进一步完善村级"三务"监督体系。通过党员大会、村民代表大会赋予他们监督权、知情权、质询权、评判权4项权力。党员从卫生监督、政策宣传、信访维稳、作风建设、"三务"公开等7个方面对乡村两级干部进行全方位多角度监督。以村为单位,将村内无职党员、村民组长、群众代表按照个人优势进行设岗定责任,把该党员的身份、岗位职责和职责范围以公示牌的形式挂在自家门口。萨力巴乡党委原副书记孙宝东同志说道:"要实行得下去,岗位设计要简单和明确,不要太复杂、内容太多,要像监督'一个瓶盖是圆的还是方的'这样简单。"党员讲道:"我不是干部,但我是党员,我家门前砸了块牌子,我具体负责啥一目了然,我要是不干好都对不起大门前的牌子……"三是成立监督评议小组公开监督。公开对干部的工作作风和工作实绩进行全程监督和评议。"我们村委会成员成了'透明人',一言一行都在村民的监督之下,低保名单、季度财务晚一天公开都有人问询,我们必须转变作风,增强服务意识。"萨力巴乡张家营子村党支部书记王彦明说。借助无职党员监督岗的桥梁和纽带作用，萨力巴乡坚决打赢一场"三务"公开再监督的人民战争。2019 年，萨力巴乡被赤峰市委列为"全市党务公开示范乡镇"。2020 年，萨力巴乡净化基层政治生态案例被评为"自治区优秀案例"。

（三）强化"三治融合"提升治理效能

1. 以法治为要定分止争促和谐

一是积极拓展"大数据+网格化+铁脚板"矛盾纠纷化解机制。结合网格化管理，每季度开展 1 次乡村两级干部"大走访"活动，全面排查基层社会矛盾。大到信访积案、小到"看谁不顺眼"的矛盾都纳入乡村两级干部排查化解清单。为了让群众减少顾虑、敢于反映问题，乡村领导干部交叉排查，问题化解直到"老百姓满意为止"。目前，萨力巴乡开展"大走访"20 余次，累计动员乡村干部、网格员 2100 余人次，当场化解矛盾问题 240 余个。扎扎实实的群众工作，让干部获得了百姓的信任，也掌握了开展工作的一手信息。二是打造"一站式矛盾调解中心"。对来访群众诉求实行"首问负责、一站受理、一揽子调处、一条龙服务"，同步做好教育疏导、人员稳控等工作，调解完成后 7 日内由首次接访人员主动联络来访群众，对该调解工作效果及满意度进行回访，实现矛盾纠纷"受访、调访、回访"全链条闭环管理。2023 年以来，累计化解社会矛盾纠纷 86 件，收集群众诉求 67 条，调解率、回复率均达到 100%。三是组建乡村组三级法治宣传员队伍。每个行政村设立一支宣传小分队，确保每个村民小组设立 2—5 名宣讲员，在大排查大走访过程中，定期开展法律法规宣传教育活动，及时提供法律援助和服务，在全乡营造了办事依法、遇事找法、解决问题用法、化解矛盾靠法的浓厚氛围。通过微信群、微信公众号等宣传媒介，定期开展婚姻家庭、赡养继承、土地纠纷、农民工维权等方面法律法规的线上宣传和问题解答，引导群众理性表达利益诉求。2019年，全乡8个行政村全部被评为市级"民主法治示范村"，萨力巴村晋升为自治区级"民主法治示范村"。2022年，萨力巴村获得"全国民主法治示范村"称号。萨力巴乡连续三年被评为全旗信访"三无"乡镇，并被自治区信访局称为"'枫桥经验'在内蒙古的再实践"。

2. 以自治为本消解矛盾有约束

萨力巴乡充分运用了乡规民约这一自治、法治、德治相融合的治理工具。它经由村民集体讨论、签字确认、提交村民大会讨论通过，而成为村里的"最高宪法"，其中，对不合理行为有强大的约束作用，是促进群众自我调节矛盾、共同遵守规范的有效制度载体。一是让村民自己制定。萨力巴乡坚持一村一品，每一条乡规民约都不是从古典古籍或文件中抄下来的，而是发动群众自行讨论、自行制定的，内容与生活息息相关。这从侧面反映出村民的参与热情和自我约束力度。二是在村民心里扎根。萨力巴乡把乡规民约印成传单发放每家每户，村乡两级干部号召村民学乡规民约、背乡规民约，对于不认识字、不愿意背的村民，干部、党员入户"一遍一遍不厌其烦地为大家念"。三是让乡规民约"长牙"。村民大会约定屡劝不改者"暂停发放各项补贴""给乡里商铺发函，要求暂时不卖东西给明知故犯闹事者"。这些符合村民自治法，又在国家法律框架范围内的约束手段，对一些干部想管管不了的不文明、不道德、不合理的行为发挥了重要作用，充分体现了村民自治的治理效能。

3. 以德治为基"春风化雨"淳民风

萨力巴乡以道德"红黑榜"建立道德正向激励和反向约束机

制，移除陈规陋习，弘扬社会正能量，取得了良好的德治成效。一方面，持续开展"最美家庭""孝老爱亲模范"等系列评选活动，通过宣传发动、农户自评、小组评议、村"两委"审定、公示授牌等措施，组织引导广大群众积极参与，让优良家风家训立起来、亮出来、传开来。对于涌现出来的正面典型计入"红榜"，并在表彰大会予以表扬奖励，并在产业发展、项目支持等方面给予优先考虑。另一方面，对品行恶劣、不守诚信、好吃懒做、违法犯罪等负面典型计入"黑榜"，削减或者暂停其福利和优惠政策，并在广场张榜公示。自设置"红黑榜"以来，全乡累计评选表彰各类先进典型1611户（名），整治不赡养老人农户48户，逐步营造了人人向善的良好社会氛围。

三、经验启示

（一）以乡村有效治理夯实振兴根基

萨力巴乡的实践表明，乡村治理是乡村全面振兴的上层建筑。缺少治理有效的前置条件，产业振兴等其他方面必然受到制约。实现乡村治理体系和治理能力现代化的路径是坚持党建引领，汇聚党组织和党员合力，将制度建设贯穿始终，在制度落实上积极创新，紧密联系群众，丰富三治融合的载体，全面提升治理效能。萨力巴乡被中农办、农业农村部、中宣部、司法部、民政部五部委评为"全国乡村治理示范乡镇"。萨力巴乡抓住机会大力发展党建领办合作社，因此获得国家级"农业产业强镇"称号。从乡村善治到产业振兴，萨力巴乡走出了一条欠发达地区可资借鉴的发展路径。

(二) 以"三级党建引领"发动群众自治

萨力巴乡党建引领社会治理的路径，体现为三级党建层层引领，并最终以发动群众为目的。一方面，乡领导班子起到"一线指挥部"的作用，村"两委"起到"战斗堡垒"的作用，党小组和普通无职党员发挥了"作战先锋"作用，一级带动一级，各有侧重和优势，一级都不能少。乡党委勇于担当带动一片，村"两委"班子坚强有力带动一群，党小组长和无职党员无私奉献带动了群众。另一方面，理顺和完善治理体系的过程也是深入实践、深入群众的过程。萨力巴乡通过乡村两级干部大排查大化解、乡规民约创新实践、乡风文明"红黑榜"、法治宣传服务队、无职党员设岗定责等多种形式，做足了"人"的工作，激发了村民自我管理、自我监督、自我服务能力，找到了维系治理体系长久良性运转的无穷动力。乡干部讲道："现在村民自己就治理好了，我们就全力跑资源争项目。"

(三) 以完善治理体系为本提升治理效能

一味坚持问题导向，容易陷入"头痛医头脚痛医脚"的应激反应式治理，而完善治理体系则是以建立秩序和规范为导向，根本性、长期性地解决治理问题。一方面，治理体系的主要部分就是制度，由制度把手段、方式和环境条件等其他要素联动起来的。萨力巴乡以矛盾纠纷排查化解为突破口的同时，坚持完善"三务"公开、民主评议、村规民约等制度，有效保障了乡村善治的可持续性。另一方面，萨力巴乡从强化道德约束、规范社会行为、调节利益关系、协调社会关系等方面多管齐下，实现了"十个手指头弹琴"，充分体现了专项治理与系统治理、综合治理、依法治理和源头治理的相结合。再者，以落地执行发挥治理效能。萨力巴乡社会治理创新实践更多地体现为对"四议两公开"等中央顶层制度设计的落实层面的创新，例如"三务"公开监督体系的创新、按照人际关系划分网格治理等。只有党员干部坚持实事求是与群众路线相统一的工作原则，才能产生源源不断的创新实践。

掌心里"知村务" 指尖上"办事务"
——敖汉旗推动党建引领乡村治理数字平台建设的实践探索

中共内蒙古自治区委党校 沙咏梅
中共赤峰市委党校 李立新

【引言】党中央高度重视数字乡村建设，2018年中央一号文件首次提出"实施数字乡村战略"，以数字化赋能乡村发展，开启了乡村全面振兴的新模式，标志着中国农业农村信息化进入了全面提升的数字乡村建设新阶段。自此，历年中央一号文件均对建设数字乡村提出了明确指示和部署。2019年5月，中共中央办公厅、国务院办公厅印发了《数字乡村发展战略纲要》，明确了到2050年数字乡村建设的长期目标和重点任务。《中华人民共和国国民经济和社会发展第十四个五年规划和2035年远景目标纲要》明确指出"加快推进数字乡村建设"。习近平总书记在党的二十大报告中提出，加快发展数字经济，促进数字经济和实体经济深度融合。

一、背景

敖汉旗位于内蒙古赤峰市东南部，南与辽宁省毗邻，东与通辽市接壤，距锦州港 130 千米，是内蒙古距离出海口最近的旗县。全旗总土地面积 8300 平方千米，辖 16 个乡镇苏木、2 个街道办、225 个行政嘎查村，总人口 60 万。敖汉旗史前文化厚重，素有"人文敖汉"之称。境内发现有 7 种追溯到 1 万年前、未出现断层的史前文化，有 8 处全国重点文物保护单位。距今 8000 年的兴隆洼文化遗址被考古界誉为"华夏第一村"。发现的粟和黍碳化标本比中欧地区早 2700 年，敖汉旱作农业系统因此被联合国粮农组织命名为"全球重要农业文化遗产"。在兴隆沟遗址出土的我国目前为止发现最早、最完整的红山文化整身陶塑人像被誉为"中华祖神"；出土了世界最早的玉器，发现了中国最早龙的雏形，有"龙祖玉源"之称。中华文明探源工程专家组将敖汉旗确定为"中华五千年文明的起源地之一"，给予了敖汉旗"中华龙的发祥地、中国玉文化的源头、中国祖先崇拜的发端地、红山古国的核心区域、世界旱作农业的起源地"五个文化定位。敖汉旗是全球旱作之源，世界黍粟之乡。

2023 年，敖汉旗农村牧区常住人口 28.73 万人，地域面积较大，人口布局相对分散，在乡村治理方面亟须破解一些难题。首先，党政部门面对乡村治理"不畅通、效率不高"的问题亟须解决。乡村治理工作仍以走村入户、逐户上门的传统方式为主；各部门互动渠道较少，存在"信息孤岛"，亟须建设一个智能化、数字化的线上平台，真正实现以"数字化"赋能乡村治理。其次，党员干部面对乡村治理"不会干、服务不优"的问题亟须解决。基层工作人员还停留在打电话、发微信的传统联络方式上，网格员的作用没有得到充分发挥，还存在着"群众多跑腿，数据未跑动"的现象；旗、乡、村尚未形成联动的工作局面，网上群众路线不会走，亟须一个数字化指挥中心，采取"线上+线下"

相结合的方式,以优质的服务扎实推进乡村治理工作。最后,基层群众面对乡村治理"不主动、参与不多"的问题亟须解决。由于基层群众对乡村治理认识不一,还存在"干部在干,百姓在看"的问题,认为乡村治理只是政府的事情,群众对乡村治理工作参与率相对较低。亟须一个一学就会、一看便懂的乡村治理数字软件,激发群众参与乡村治理的热情,改变原有观念,使群众足不出户就能够享受到便捷、优质、高效的服务,实现"小事不出户,大事不出村"。

二、主要做法

(一) 主要做法

作为内蒙古自治区党建引领乡村治理6个试点旗之一,敖汉旗利用信息技术创新乡村治理方式,探索建立以1个"敖组通"党建引领乡村治理数字平台,配套建设管理网格化、赋能数字化、服务精细化、治理联动化"四化"治理模块,完善网格N个子模块、N项功能的"1+4+N"治理模式,着力破解乡村治理"八大难题",推动乡村治理全量从物理世界迁移到数字世界,打造"人联网数字孪生敖汉"。

1."敖组通"数字平台一网通管,实现全旗"小事儿一格解决,大事全网联动"

(1) 聚焦"党员干部管理难",强化数字平台"一网监管"。设置"党员管理"模块,针对嘎查村村组干部党员、无职在家党员、流动创业党员、老弱病残党员、务农妇女党员"五类党员",采取报道"亮身份"、学习"增才干"、服务"争模范"等"码上行动",对 5107 名无职党员在电子围栏区域内设岗定责、对 5100 名流动党员采取网上报备、线上管理;设置"村情概况""'三务'公开"模块,嘎查村"两委"分工、"一约四会"组织架构和村级党务、村务、财务,群众坐在家里便可随时随地在线监督干部工作情况,促进党员干部管理更加系统化、规范化。

(2)聚焦"网格精细管理难",划分电子围栏"一网统筹"。划分"电子围栏"网格,坚持"以房管人",完成人口数据、信息全量迁移到"敖组通"数字平台,划分"五级网格"2930个,按照"七色管理法"精准划分 3704 个电子围栏,实现一张网格包罗辖区万象;为网格员设置专属"工作台",可以随时随地在线日常打卡、走访入户、巡查上报、接收通知和处置办理各类事项,面对突发情况可按紧急、重要、一般三类情形上报 10 类事件,使网格管理更加精细化,数字平台实时监测网格员行动轨迹,群众随时找到自己的网格员,提升了基层组织治理效能。

(3)聚焦"干群关系处理难",创建互动平台"一网交流"。设置"群众学习""村聊""话题"等专栏,构建"嘎查村大微信朋友圈",通过在线聊村事,让群众之间互动交流,促进邻里之间关系更融洽,通过在线学习惠民政策,掌握种养殖技术等各类知识和实用技能;设置"工作日记"专栏,党员干部可以晒工作、发通知、报进展,群众点赞、评论已达 5 万余条,让群众及时参与村里工作,实现干部群众"双向融合",真正拆掉了挡在干部和群众中间的"墙"。

(4)聚焦"便民事项办理难",设置线上窗口"一网办理"。设置"村能办"专栏,将帮办待办事项清单、办事流程表等全部迁移至数据平台,实施"一网式"办理模式,打造全方位线上党群服务中心,让群众感受到"购物式"的便民服务体验;设置

"通知公告"专栏,旗直部门在平台发布惠民政策、通知信息,群众能够第一时间查收,先后有34个部门共发布了430余条通知公告,使数字平台技术更贴近基层群众需求。

(5)聚焦"社情民意处理难",拓宽收集渠道"一网统办"。设置"书记信箱"专栏,通过群众"下单"、嘎查村"接单"、乡镇苏木"派单"、旗直部门"解单",建立了延伸到底、畅通有序、反馈及时的民情民意收集处理架构,切实做到了民有所呼、党有所应。群众对事项办理速度和服务态度进行五星等级评分,平台每月将对各单位社情民意采集处置情况分析、统计,工作专班将通过日报告、月简报的形式对进度缓慢的单位进行督促提醒。目前,"书记信箱"收到信件1.1万余件,处置办结率达95%,真正做到"小事一格解决,大事全网联动"。

(6)聚焦"供求信息畅通难",开拓交易市场"一网购销"。设置"供求大厅"专栏,种养殖大户、专业合作社、农户及商超4类人群通过"供求大厅"可以发布农副产品、农机具、用工、土地发包等供求信息,拓宽了基层群众供求信息的渠道,有效地减少了中间环节支出,更好地将数字化赋能到群众增收上,在"供与销"两个方面,助推了"三位一体"综合合作组织改革工作,让广大群众感到基层服务更加精准、更加贴心。

(7)聚焦"积分管理实施难",健全奖励机制"一网兑换"。设置"积分乐园"专栏,通过线上与线下相结合的方式,实施积分大排行榜。在线上,通过每日签到、发布内容、点赞评论、邀请用户等方式获得相应积分奖励,累计一定积分可在积分商城兑换生活用品、话费等近100种奖品,目前共307人参与,消耗总积分2056070;在线下,对"最美家庭""最美婆媳""最美党员户""最美庭院"人员实行积分激励,先后开展古鲁板蒿"文明家庭"、木头营子乡"最美乡村"和敖润苏莫苏木"我身边的民族团结进步故事"等投票活动,不断激发群众参与乡村治理的积极性,使复杂的村民自治行为数量化、可考核。

(8)聚焦"乡村治理决策难",搭建智慧中枢"一网调度"。通过遍布在基层网格的网格员终端、群众端、视频监控等"感知单元",将所有信息标签通过"云中枢"全天候零距离直达所对应的各级网格指挥中心的"智慧大脑",数字平台对所有数据采用饼状图、曲线图、柱线图等11类图表进行分析汇总,直观表现全域党建引领乡村治理工作的关键数据,实现"用数据服务、用数据管理、用数据监督、用数据研判、用数据决策"。

2. 创新乡镇村联动建立数字平台实施"数字治理"

(1)金厂沟镇设力虎村构建"三智格局"打造乡村治理"智治"平台。

设力虎村位于金厂沟梁镇的东北部,辖14个自然村21个村民组,946户2942口人,村党总支下辖3个党支部,党员96名。近年来,村党总支部以"六个三"为抓手,探索了"儒村设力虎,六治创平安"工作模式,初步构建了共建共治共享的乡村治理工作新格局。"六个三"分别是实施"三大工程"、建立"三项机制"、推进"三化"并举、围绕"三项举措"、构建"三智格局"、打造"三联模式";"六治"是指突出乡村治理"政治"引领、打造乡村治理"自治"平台、"法治"平台、"德治"平台、"智治"平台和"共治"平台。

设力虎村抢抓机遇,以新一代信息技术为支撑,构建"三智格局"打造乡村治理"智治"平台。完善"智慧服务"体系。开通村级微信公众号"儒村在线",并与联通公司合作开发数字化、智能化村级党建服务平台,及时传达惠农政策、村级"三务"公开信息等。建立"智慧服务"平台。与联通公司合作开发数字化"一户一档",收集户口本、身份证等14种证件并上传数字乡村平台,实现了"群众空手来、档案快速找、事情抓紧办"服务目标。提升"智慧安防"水平。在全镇各村重要路段、各组进出路口安装高清摄像头214个、"云广播"系统42台(套),构建了村组二级网络数字监控宣传"智慧安防"体系。

(2)玛尼罕乡双庙村打造"智慧党建+数字乡村"数字化治理平台

玛尼罕乡双庙村加快推动数字乡村建设,探索数字化乡村治理建设的新路子,打造治理新模式,在中国电信敖汉分公司的大力支持和帮助下,成功开发了数字乡村数字化乡村治理工作平台。中国电信敖汉分公司派出专业人员,在全村主干路安装了云监控和天翼云播等电子设备,点击数字管理平台,就可实时跟踪了解所辖各自然村、各重要交通路口、主要街巷的实时情况。实现了管理数字化,开创了乡村治理新格局。"数字乡村"智慧平台板块包括:平安乡村、天翼云播、智慧党建、政务公开、返乡报备、网格化管理、新时代文明实践、民族团结、智慧警务、美丽乡村、三资管理、积分银行12大板块内容,2023年新加入智慧康养、智慧林河板块。

双庙村通过打造"智慧党建·数字乡村"数字化治理平台,利用天翼云、大数据、物联网等技术建设的智能视频云产品,集互联网、手机微信、手机客户端于一体,功能齐全、资源丰富、信息化程度高,有效解决了传统治理模式手段单一、效率低下、科技化水平不高、针对性不强以及与各族群众联系、沟通不够紧密的问题,拓展了实现基层治理的新途径。基层党组织工作者利用简单、快捷、高效的管理方法,有效解决了基层服务管理滞后于各族群众需求的问题，促使基层党组织工作信息化与基层治理体系实现了完美融合。

(3) 木头营子乡搭建"百姓说事儿"信息平台

2022年以来，敖汉旗木头营子乡党委、政府积极探索乡村治理有效模式，开拓工作思路，从"说出烦心事""道出好典型""家园共建设"3个渠道入手，创立"百姓说事儿"信息平台。以智能化的手段覆盖木头营子乡基层治理网格，是"我为群众办实事"、转变干部工作作风、改善干群关系、实现乡村有效治理的一种尝试，亦是"民有所呼，我有所应，民有所求，我有所为"的体现。"百姓说事儿"信息平台设计了"发布事件""好人好事""自主报备"3个板块。群众可通过扫描"百姓说事儿"二维码在"发布事件"板块说出自己"急难愁盼"之事。在"好人好事"板块发布身边的好人好事，也可在外出返乡后及时进行自主报备。木头营子乡通过村组网格微信群、微信公众号、乡村两级干部微信朋友圈等线上平台，宣传"百姓说事儿"二维码使用方法。线下在村委会宣传栏、文化广场、便民商店等公共场所张贴"百姓说事儿"二维码，同时将平台二维码印制后发到村户，让群众知道有这样一个平台可以诉说心声。为保证平台科学合理有效运转，木头营子乡制定了《"百姓说事儿"平台操作流程》《"百姓说事儿"平台事项办理办法》，做到了大事小事下有所呼、上有所应，且件件有着落、事事有回音，群众的认可度和满意度逐步提高。

"百姓说事儿"信息平台自上线以来，通过平台协调解决了大量群众反映的问题，群众来乡里反映问题的少了，干部下乡的身影多了，获得了当事人的一致好评。木头营子乡依托"百姓说事儿"信息平台建设，将进一步探索网格化管理、智能化赋能、精细化服务的乡村治理模式，立足乡情，完善平台运行机制，持续发力，进一步打通乡党委、政府施政服务与群众期盼建议相连接的"最后一公里"，提升全乡群众的幸福感、获得感和安全感。

（二）取得的成效

"敖组通"数字平台以数字技术赋能乡村治理，让干群关系更融洽，让基层治理更科学，让事项调度更高效，让数据分析更精准。首先，搭建群众、网格员两类客户端，让干群关系更融洽。通过"群众客户端"，可以在线学习党的政策、农业技术、营销管理及各类实用技能，实现"一网式"办理村级代办帮办事项，提高了群众办事便捷度；通过"网格员客户端"，对网格员10项职责完成情况、完成效果及群众评价等因素进行积分考评，有效解决了传统服务形式服务手段单一、科技化水平不高等问题。其次，搭建乡村两级管理端，让基层治理更科学。"敖组通"数字平台可以管理全乡镇所有村庄的居民、党员、网格员和处置办理各类事项，不同类型党组织能够根据各自特点选择服务群众的活动载体和组织形式，为乡村两级事务决策严格规范、公开透明起到积极的推动作用。再次，搭建旗乡两层指挥中心端，让事项调度更高效。"敖组通"数字平台纵向兼容旗、乡、村、网格多级角色，横向兼容34个旗直属各单位各部门，通过指挥中心调度全旗各部门、各乡镇的乡村治理工作，让每一个来自基层的事项都可以闭环解决，真正实现"小事一格解决，大事全网联动"，助力潜在社会矛盾风险化解在基层，消除在萌芽状态。最后，搭建一个领导决策辅助端，让数据分析更精准。"敖组通"数字平台以数字技术赋能乡村治理，对于各类数据信息能够进行智能化汇总和分析，自动生成数字和各类图形报表，特别是能够对农业农村、生产生活、民政救济、城乡住房、涉法涉诉、环保、作风纪律、便民服务 8 类民意焦点全方位分析，达到全域动态一目了然、尽在掌握的目标，为旗委、政府和乡镇领导提供便捷的移动端数据分析和决策辅助服务，为"治理者"提供"最强大脑"。2023年，敖汉旗乡村治理数字平台建设的相关做法被《中国组织人事报》刊发，获评"2023 全国民生示范工程"。

三、经验启示

（一）压实旗乡村三级责任体系，铺筑高效率"保障通道"

敖汉旗委制定了《敖汉旗党建引领乡村治理示范旗建设项目暨"敖组通"数字平台建设实施方案》等文件和相关制度，为乡村治理的数字化发展提供规范和准则。旗委将数字平台建设作为"书记项目"重点推进，乡镇苏木街道成立由党（工）委副书记、组织委员、平台管理员、嘎查村党组织书记组成的工作专班，全程跟进平台建设、管理、维护各环节工作。嘎查村党组织充分发挥动员群众、组织群众作用，村组干部、党员、网格员划分责任区域，利用微信群、公众号和集中培训、现场入户指导相结合的方式，组织群众完成"敖组通"平台群众端注册，并让群众熟悉使用流程及功能选项。乡村两级党组织对群众信息录入严格把关，在应录入尽录入的同时，确保信息完整准确，为平台高效运行奠定精准信息保障。通过压实旗乡村三级责任体系，构建了数字平台高效运转的保障通道。

（二）搭建党建引领乡村"智理"共同体，开辟赋能基层治理路径

"敖组通"数字平台的建立，在纵向上实现旗、乡、村、网格员、村民"五级"联动，在横向上消除部门之间沟通的"壁垒"，构建"横向到边、纵向到底"的党建引领乡村"智理"和治理体系，利用数字平台统一调度、统一分派、统一指挥，实现多元主体间的有效互动，不断提高乡村治理水平。

"敖组通"平台的延伸，让全旗直属机关单位部门和旗、乡、村、网格、群众五级达到了横纵贯通，截至2023年已覆盖18个乡镇苏木、2个街道、225个行政嘎查村，链接服务28.73万农牧民群众，设置网格3677个，网格长3677人、网格员7713名。为了缓解部门协同配合难的问题，"敖组通"平台设置不同权限，实行层级联动，旗直属机关单位部门面向全旗群众"线上"发布最新政策、公示公开等。乡镇苏木街道便于管理全辖区内村民、党员、网格员等，依托平台处置办理各类事项。嘎查村利用平台实现党员管理、村民管理、村级事务管理等。网格员可以随时随地在线打卡考勤、走访入户、巡查上报、接收通知等，真正实现以"数字化"赋能乡村治理。

（三）坚持"线上+线下"相结合，提升乡村治理效能

敖汉旗委融合旗乡村三级治理体系，全方位拓宽治理渠道，首先，做好线下基础工作，通过动员大会、培训会等会议，提升党员干部数字化治理能力和水平；其次，将基础信息、数据准确无误地迁移至数字平台，实现"用数据服务、用数据管理、用数据监督、用数据研判、用数据决策"，为乡村治理工作提供有效的数字化、智能化支撑。针对收集社情民意的需求,延伸乡村治理"神经末梢"。

"敖组通"设有旗乡两级指挥中心,采用电子地图、雷达图、饼状图等各类图表,直观表现出全域党建引领乡村治理工作的关键数据,为精准决策提供数据支撑,让数据说话,为"治理者"提供"最强大脑"。凭借"敖组通"智慧平台大数据"算出"群众热点痛点难点,利用"领导辅助决策系统"以及"数字治理日报",每天向旗乡村三级干部以及相关责任部门推送高频热点,推动部门变被动承接为主动作为。探索建立问题反馈处理"全闭合"机制,对群众反映的问题及时处置办理,如不能办理逐级上报反馈,实现小事格内办理、大事呼叫解决,把潜在矛盾风险化解在基层,消除在萌芽状态。

(四)定制多元个性化的"服务套餐",增强群众参与感和实用感

"敖组通"平台依托于微信公众号建设,群众使用微信进入平台。群众客户端支持广大农牧民群众在线了解村情概况、"三务"公开、通知公告、办事指南等。畅通沟通反馈渠道,平台设有书记信箱、村聊信息、供求买卖等模块,打造全方位线上服务站点。开发群众智慧学习等栏目,在线学习党的政策、农业技术、营销管理及各类实用技能,切实增强群众的参与感和实用感。

"敖组通"数字平台的使用和推广,做到旗级部署、部门动态、惠农政策随时了解,乡情概况、村史村志随手拈来,村聊圈、好人好事、爱心援助适时参与,打造一条全民共建共治共享的"信息高速公路";村规民约、四议两公开、自治组织、党群服务日记等乡村治理大事小事都第一时间搬进平台,为村级事务决策

严格规范、公开透明起到积极的推动作用；德治法治教育、先进典型评选、志愿服务点单等线上活动，提高了群众参与乡村治理的积极性和热情，多元个性服务让群众幸福感、获得感不断攀升。如今，"敖组通"平台成了全旗基层党组织宣传政策的"传声筒"、服务群众的"好帮手"，为推动数字化赋能乡村治理迈出了坚实的一步。

边疆地区走向共同富裕的实践探索

——兴安盟"晓景计划"培育致富带头人的经验做法

中共兴安盟委党校　王伟　徐广生　杨光　陈颖　李佳雪　文兰
中共科右前旗委党校　李芳

【引言】2023年6月，习近平总书记在内蒙古考察时强调，从全国来看，推动全体人民共同富裕，最艰巨的任务在一些边疆民族地区。这些边疆民族地区在走向共同富裕的道路上不能掉队。要坚持以人民为中心，在发展中更加注重保障和改善民生，补齐民生短板，增进民生福祉，让各族人民实实在在感受到推进共同富裕在行动、在身边。同时，习近平总书记强调，要"全面落实就业优先政策"，"开拓就业渠道"，"健全多层次社会保障体系"，"巩固拓展脱贫攻坚成果"。

一、背景

（一）聚焦"晓景计划"发源地——科尔沁右翼前旗

首先，"晓景计划"的推广与科尔沁右翼前旗经济社会发展密切相关，作为"晓景计划"的发源地，它养育了乡村振兴致富带头人齐晓景。科尔沁右翼前旗隶属于内蒙古自治区兴安盟，有32.273千米的边境线，是自治区19个边境旗县之一。回顾发展历程，科右前旗2011年被纳入国家大兴安岭南麓山区集中连片特困地区扶持范围，是国家级贫困旗县，多年来以农牧业发展为支撑，经济规模小，综合实力弱。2019年，科右前旗顺利实现脱贫摘帽，贫困发生率由2014年的17.12%降至0.36%，顺利通过自治区脱贫摘帽评估验收，高标准退出国家扶贫重点旗县。2020年脱贫成效巩固提升，消除177户505人致贫风险、121户325人返贫风险，完成剩余420户998名贫困人口"清零"任务。2022年，全旗地区生产总值首次突破120亿元，成功晋升为自治区乡村振兴先行示范旗。2023年，全旗城乡常住居民人均可支配收入分别达到36913元和17017元，脱贫成果持续巩固，乡村振兴稳步向前。

（二）认识乡村振兴致富带头人——齐晓景

功以才成，业由才广。乡村振兴离不开人才这把"金钥匙"。回顾成长历程，齐晓景从一名大学生村官逐渐成长为全国脱贫攻坚先进个人、全国农村青年致富带头人主要抓住三个重点：

1. 发展设施农业，摆脱落后贫困。2009年齐晓景大学毕业后，考录到科尔沁右翼前旗科尔沁镇平安村担任村官，在实践中认识到平安村人均耕地较少但区位优势明显，发展设施农业是带领村民摆脱落后贫困、走上致富道路的绝佳选择。于是，齐晓景在2013年村官任职期满后带头创业，租种大棚发展设施农业；2014年创办了展翼种植专业合作社，高效发展设施农业，在党支部的引领下扶持大学生合作社发展。合作社现有大棚109栋，村民签约入社大棚180栋，村民通过"带棚入社""以劳入社"打响了平安村设施农业地域品牌。为充分发挥近郊区位优势，齐晓景采取"合作社+种植大户+农户"方式，辐射带动群众错季生产种植果蔬，形成了"寒冬草莓甜，暖春采桃忙，盛夏葡萄紫，深秋瓜菜香"的四季采摘格局，带领村民摆脱贫困，走上了致富路。

2. 发展电商售货，踏上数字致富快车。面对平安村设施农业发展势头高涨、农贸产品产量上升但销路窄的困境，2015年，齐晓景大胆创新，创建了科尔沁右翼前旗展翼电子商务服务站，通过"互联网+合作社+订单+农户"的电商运营新模式，实现了农产品销售和农村电商发展的双收益。电商售货成为了带动平安村经济发展新的增长引擎，逐渐形成了"内联中接外誉"三位一体的立体销售模式。内联，即同城配送，利用美团、小商户的配送力量，解决农田到餐桌的"最后一公里"；中接，即与农户达成订单种植，统一管理、订单销售；外誉，即通过微店、抖音、淘宝等电商平台远销，打造美誉度和知名度。通过电商运营模式，一方面提高了果蔬、笨鸡蛋、黏豆包等农产品的销量，增加农民收入；另一方面，还带动了本地1000多人就业，实现了良好的社会效益。

3. 发展农旅融合，再掀创富浪潮。2022年，齐晓景创办了科尔沁右翼前旗首家以番茄为主题的农旅融合产业示范基地，建成了集种植采摘、观光旅游、亲子研学、自然生态科普于一体的番茄公社，走出了一条农旅融合一体化发展的道路。自2022年8月19日开园运营，近一年的时间里，已接待游客10万多次，旅游营收可达750万余元，累计开发管家大嫂等就业岗位50余个，通过直播带货、订单农业、休闲采摘等方式，带动周边农户70余人年收入增长至4万元左右。

当前，平安村实现了从发展设施农业到开办采摘餐饮、创办乡村电商、开发农旅融合的产业升级，实现了从1.0到4.0高质量跨越。从脱贫攻坚到乡村振兴，齐晓景探索出乡村发展新路径，掀起了创富致富新浪潮。

二、主要做法

（一）兴安盟"晓景计划"的提出

乡村振兴，产业是基础，人才是关键。中央一号文件连续多年提到要加强乡土人才队伍建设，实施高素质农民培育计划，开展农村创业带头人培育行动等相关工作。科尔沁右翼前旗委、政府坚持贯彻中央一号文件精神，持续加大乡村致富带头人培育力度，在旗乡两级党委、政府支持和引导下，以科尔沁镇平安村返乡创业大学毕业生齐晓景为代表的新型经营主体迅速发展壮大，成为了带动乡村经济发展，带动农牧民增收致富的主要力量。2021年，因齐晓景帮富带富成效明显，盟委行署决定以齐晓景名字为名，在全盟范围内实施领富带富"晓景计划"，不断加大对"晓景"式产业发展带头人扶持力度，健全联农带农工作机制，极大激发乡村产业发展带头人带动农牧民增收积极性，为全盟巩固拓展脱贫攻坚成果、全面推进乡村振兴注入强大动力。

1. 明确"晓景"内涵及范围。"晓景"指的是具有一定创业带富能力、能够带领群众共同致富的乡村产业带头人、新型农牧业经营主体负责人。要优先把嘎查村"两委"班子成员、致富带头人孵化中心骨干学员、新型农牧业经营主体负责人、优秀高校毕业生、复员退伍军人、返乡创业人员、党员创业带富代表、致富带头人等培养成为乡村产业发展带头人。

2. 确定"晓景计划"的基本定义。"晓景计划"指的是坚持盟旗乡村四级联动,依托致富带头人孵化中心,对具有一定创业带富能力、能够带领群众共同致富的乡村能人、新型农牧业经营主体带头人等进行集中培养,通过整合政策、项目、资金,有针对性地提供信息咨询、项目推介、供需对接、项目孵化等服务,鼓励支持他们创业创新、扩大生产,带动发展乡村经济,促进产业振兴。以培育"基地+农牧户+带头人+市场"的"晓景"式乡村产业发展带头人为切入点,大力发展农村牧区产业,带动农牧民增收致富,实现乡村人才振兴和产业振兴。

3. 制定"晓景"计划目标任务。从2022年开始,利用3年时间,培育100名以上盟级"晓景"式乡村产业发展带头人;培育300名以上旗县市级"晓景"式乡村产业发展带头人;培育1000名以上苏木乡镇级"晓景"式乡村产业发展带头人,争取实现全盟850个嘎查村"全覆盖"。盟级"晓景"式乡村产业发展带头人应当辐射带动30户以上农牧户,旗县市级"晓景"式乡村产业发展带头人应当辐射带动10户以上农牧户,苏木乡镇级"晓景"式乡村产业发展带头人应当辐射带动5户以上农牧户。

4. 提出"晓景"式产业带头人五项条件。遵纪守法、诚实守信、邻里和睦、群众信服;有家庭农牧场、农牧民合作社等新型农牧业经营主体;运营机制比较规范,经营状况良好,产业收益稳定;产业发展符合建设"两个屏障""两个基地""一个桥头堡"需要;有一定的辐射带动能力,有稳固联结农牧户,盟级"晓景"式乡村产业发展带头人应当辐射带动30户以上农牧户,旗县市级"晓景"式乡村产业发展带头人应当辐射带动10户以上农牧户,苏木乡镇级"晓景"式乡村产业发展带头人应当辐射带动5户以上农牧户。

(二) 具体做法

兴安盟制定印发了"两方案、一清单",即《兴安盟"晓景计划"实施方案》《全盟"晓景计划"分工方案》《全盟"晓景计划"办公室职责任务清单》,谋划部署全盟"晓景计划"。

1. 动态管理精准选好人。一是提高人选质量。盟旗乡三级拓展选人视野,以旗县市为单位建立在外本土人才资源信息库,建立旗乡村干部结对联系在外优秀人才制度,积极招募"乡村振兴合伙人",鼓励在外务工经商人员、退伍军人等人才带着资金、技术返乡创业,吸引企业家、党政干部、专家学者、医生教师、技能人才等投身乡村振兴,为乡村发展注入新思想、新动能。二是把好人选关口。把遵纪守法作为首要标准,积极推荐、严格筛选遵纪守法、诚实守信、邻里和睦、群众信服,从事主导产业、有经营主体,发展势头良好、有稳定收益,能带头致富和带动群众致富的优秀人才纳入培养台账,杜绝简单择取"能人""富人",杜绝把涉黑涉恶、群众反映较差的人选进来。2022年,兴安盟共确定第一批"晓景计划"培养人选1288人,其中,盟级培养人选113人、旗县级培养人选283人、苏木乡镇级培养人选892人。三是坚持动态管理。以1288名培养人选为基础,实行分级动态培养、动态补充。盟旗两级"晓景"办、苏木乡镇党委建立与纪检监察部门、政法部门的有效沟通机制,定期对本级"晓景计划"培育人选台账进行调整,对存在违法违纪行为的,实行一票否决,坚决清理出去。各级"晓景"办随时发现人才、随时补充进来,真正做到优进劣出、动态管理。

2. 集聚资源综合用好政策。一是建立结对帮带机制。逐级组建帮带专班,盟旗两级"晓景计划"培养人选实行由县处级领导班子成员、苏木乡镇领导班子成员、结对单位、技术专家组成的"四托一"帮带；苏木乡镇参照制定了本级结对帮带办法。县处级领导承担"四托一"专班组长职责，发挥好牵头协调作用；苏木乡镇领导承担对接联络职责，发挥沟通对接作用；结对单位立足部门职能职责，力所能及提供相关政策支持，协调和争取项目；技术专家发挥科技助力乡村振兴作用，研究解决产业技术难题，让新技术、新产业、新业态、新模式向产业渗透融合，推动科技助农提质增效。二是落实产业扶持政策。统筹协调乡村振兴工作领导小组成员单位政策、项目、资金，立足"晓景计划"培养对象经营主体发展需求，逐人落实针对性扶持服务举措，逐项落实扶持服务政策，确保每名"晓景计划"培养对象至少有一项具体扶持措施。目前，盟旗乡三级培养对象均建立了政策扶持清单。与此同时，盟级层面将在巩固拓展脱贫攻坚成果同乡村振兴有效衔接过渡期内，按照平均每人5万元的额度，对盟级认定的100位以上"晓景计划"培养人选实行浮动式奖补政策，在3年培养期内分期兑现奖补资金。三是优化培训指导措施。整合各类培训项目和培训资金，针对盟级"晓景计划"培养人选，逐人建立培训指导清单，开展定制化培育、体验式培育、孵化型培育。盟级定期开展集中培训活动，旗乡两级把乡村产业发展带头人培训纳入各级乡村振兴培训计划，整合资源对本级"晓景计划"培养人选逐人落实培训指导措施，坚持培训内容与产业布局相结合、与市场需求相结合、与创业实践相结合，分类开展短、实、新培训。深入总结脱贫攻坚期间致富带头人带贫益贫典型案例，采取案例教学或经验交流形式，促进相互学习借鉴，提高乡村振兴带头人带动责任意识和创业能力。

3. 健全完善培养管理体系。一是组建工作机构。成立盟

"晓景计划"办公室，制定印发兴安盟"晓景计划"《实施方案》《分工方案》和《办公室职责任务清单》，宣传、财政、农牧、人社、乡村振兴、科技、网信等16家盟直部门单位握指成拳、合力攻坚；4个专项工作组各司其职、各尽其责，每月一调度、每月一督办，有力有效地推动各项工作落地见效。二是从严管理考核。坚持分级负责原则，明确盟旗乡三级"晓景计划"培养人选管理责任，制定"晓景计划"培养人选考核评估管理办法，每年底对各地各部门组织开展情况和项目推进成效进行综合考核，强化考核结果运用。对培养成熟的人员纳入成才库，继续跟进扶持，鼓励引导他们做大做强产业，盟里将每年评选表彰一批优秀乡村振兴带头人，进一步激励创业带富积极性，带动更多群众增收致富。对工作重视不够、组织不力、取得成效较差的，将做出相应处理。三是强化利益联结。鼓励和支持乡村产业发展带头人与周边农牧户建立"带头人+经营主体（合作社、家庭农牧场）+农牧户""带头人+涉农涉牧企业+农牧户"等联结关系，采取订单农牧业、入股分红、托管服务、吸纳就业等方式联结农牧户，带动普通农牧户特别是农村牧区低收入户增加收入、共同发展。

4. 深入推广"晓景计划"。一是持续释放示范效应。科右前旗的人才带动规模、增收金额大幅提升，增收带动效果显著，帮助农牧民建立思路、搭建桥梁，实现产业升级、增收致富，推动了地区产业快速发展壮大。二是逐步发挥人才优势。整合资源推动地区产业集约化、标准化发展。为"晓景"人才郭丽丽提供35万元厂房改造提升项目、450万元京蒙协作项目升级生产车间。通过"庭院种养殖+订单回收+电商销售"模式，带动3个嘎查村500余户村民发展庭院经济，打造水稻和甜糯玉米等6个"一村一品"绿色产品，户均增收2500元。90后返乡大学生李永强通过科技赋能让牛羊身价倍增，2023年与8户农牧民签订肉羊胚胎移植协议，对600只肉羊进行了胚胎移植，移植后将40斤以上的羊羔以每只2000元的价格进行回购，每只羊可增收1200元；与120户农牧民签订肉牛肉羊改良协议，共计3600头（只），预计可带动增收270万元。实现了头雁领航、群雁齐飞的积极带富效应。三是在"宣"上征案例。在《人民日报》、新华社、《内蒙古日报》等主流媒体投稿刊发文章54篇；在抖音、快手等新媒体平台发布主题宣传片23部、动态新闻650余篇。"晓景计划"成为兴安盟"网红"热词，筑巢引凤、蓄势腾飞已经成为乡村人才返乡创业、建设家乡的新名片。

（三）主要成效

"晓景计划"启动实施以来，通过对培养人选的系统性培养和综合性政策扶持，"晓景式"带头人的产业发展实力大大增强，示范引领和辐射带动作用日益凸显。

1. 人才队伍逐步发展壮大。2022年，盟旗乡三级培养人员367名。2023年，根据考核成果和带动成效动态调整25人，回引具有实用技能、能够带动当地发展的返乡能人9名，形成各类各层"晓景"人才数量充盈、支撑有力的工作格局。

2. 农民收入持续稳定增长。2022年，盟旗乡三级"晓景计划"培养人选年经营收入累计达到2.26亿元，累计辐射带动农牧户12161户29330人，户均增收5000元。2023年，经营收入2.33亿，带动户数14570户，户均增收4800元。

3. 扶持政策更加精准有效。针对"晓景计划"培养人选，逐人建立培训指导清单，整合各类培训项目和培训资金，开展定制化培育、体验式培育、孵化型培育。2022年以来，全旗整合投入项目扶持资金6890万元，支持"晓景"式乡土人才打造了一批以"番茄公社"项目和"遇见水库·生态度假园"项目为代表的精品产业化项目。

4. 经验模式不断推陈出新。"晓景计划"集聚了乡村各类型产业人才的优势，通过分班培养、联镇共建，建立14个产业联建班，将过去的单打独斗变为相互取长补短、抱团取暖、镶嵌互动。两山农副产品有限公司合伙人已由最初的5名发展到现在的9名，涵盖21名"晓景"经营产品，总销售额达到1080万元，形成了以崔宝权为领头的"两山联盟"模式和以白春亮为核心的"联镇订单"模式，实现与突泉县、满族屯、巴日嘎斯台、察尔森、德伯斯、额尔格图"一旗一县两乡三镇"携手共富新格局。

三、经验启示

站在新的历史方位，为推进乡村人才振兴、产业振兴，尽快走上共同富裕道路，兴安盟"晓景计划"对培育农村牧区领富带富"带头人"进行了积极探索，取得了显著成效，建立了较为完善的培育机制，具有可复制、可推广价值。2024年，第十四届全国人民代表大会第二次会议上的政府工作报告中强调，毫不放松巩固拓展脱贫攻坚成果。加强防止返贫监测和帮扶工作，确保不发生规模性返贫。支持脱贫地区发展特色优势产业，推进防止返贫就业攻坚行动，强化易地搬迁后帮扶。自治区2024年33件民生实事清单第一方面就是促进群众就业增收，"晓景计划"契合全国两会精神及自治区两会精神，在巩固拓展脱贫攻坚成果和乡村振兴衔接和促进农牧民增收发挥了重要作用。

（一）完善乡村振兴领富致富带头人培育管理机制，充分释放带头人创业带富活力

选准一个人，发展一个产业，改变一个村。产业要发展迫切需要一个强大的"领头雁阵"。各级党组织对各乡镇推荐的人选深入各村开展考察，最终确定培养人选，并择优向上级组织部推荐。事实证明，只有各级党组织肩负起优中选优的职责，才能保证选对带头人、选准带头人。在培育上，放大培育视野，拓宽来源渠道，探索合作培育、委托培育、定向培育等方式，整合企业、院校、科研机构等专业资源，结合特色产业、市场需求、学员能力备课授课，坚持理论教学与实践教学相结合，提高"晓景"式带头人培育质量。在管理上，构建更加科学合理的领富致富成效评价机制和优秀带头人激励表彰机制，坚持优进劣出的动态管理原则，充分运用政策、资金、技术支撑等要素，适时表彰先进，激励后进，充分释放带头人创业带富活力。

（二）持续优化带头人与农牧民利益联结机制，推动乡村共同富裕取得明显进展

事实证明，只有经营主体与农户通过订单生产、托养托管、产品代销、保护价收购等多种方式，建立稳定长久的联结机制，形成经营主体与农户在产业链上优势互补、分工合作的格局，才能实现互利共赢。探索发展"种养托管""合作联营""反租倒包""双线代销""保底收益+按股分红""租金+分红+劳务收入"等多样化带富领富模式，巩固优化带头人与农牧民的联结机制，将企业、带头人与农牧民的关系，从简单的产品购销、劳务聘用、土地流转，转变为更为紧密的合作共赢关系，让农牧民分享更多

产业链增值收益，有效增加农民经营性收入和工资性收入。

（三）探索建立党政部门协同培育机制，形成地域发展"一盘棋"的乡村共同富裕发展格局

实践证明，要压实镇、村培育责任，从规范管理、创新发展、联农带农出发，将带头人培育管理情况、辐射带动农牧户情况等作为重要考核内容，强化考核结果运用，创建人才激励机制，强化人才归属感、责任感和获得感，为全旗乡土人才树立成长标杆，让能干事、会干事、干成事的乡土人才得到实实在在的好处，唱响乡村振兴主旋律，激活人才发展新动能。把领富致富带头人队伍建设作为人才资源开发的重要环节和农村人才发展的重点纳入人才开发的整体规划，统一谋划、统筹推进。探索建立由党委主导，组织部门牵头，宣传、农牧、财政、人社、科技、乡村振兴等相关职能部门为主要成员，群团部门、金融机构深度参与的联席会议制度模式，政府在市场准入、项目建设、税费优惠等方面给予支持，定期研究问题、推动工作，加大资源投入，形成"党委统一领导，组织部门牵头抓总，职能部门各司其职"的工作格局。

（四）着力构建产业协同发展模式，以特色有效载体推动共同富裕

抓好"晓景计划"等一批新型共富载体，充分发挥结对帮带清单、产业扶持清单、培训指导清单等"三本清单"作用，探索实施带头人产业发展联盟行动，推动从事相同产业、相近产业、上下游产业的带头人加强沟通协作，强化抱团、融合和市场的理念，进一步拓展产业链条，扩大产业规模、节约生产成本、提高产业效益，打好"引联帮带促"组合拳，促进群众增收、企业增效、集体增富，"奔富"又"带富"。

（五）创新增收渠道，不断探索适合边疆地区共同富裕路径

实践证明，把乡村产业发展带头人培训纳入各级乡村振兴培训计划，整合资源对本级"晓景计划"培养人选逐人落实培训指导措施，坚持培训内容与产业布局相结合、与市场需求相结合、与创业实践相结合才能将资源综合利用收获最佳效果。"晓景计划"是农牧民增收有效渠道之一，模式复制要因地制宜，不能千篇一律。重点在培养无数个齐晓景，带动更多人致富，扩大影响力。不断优化产业发展格局，对接市场需求，多产业发展。推广和复制适时与嘎查村集体经济相结合，利用村集体资源，嫁接"晓景计划"模式，带动更多农牧民增收致富。

党建引领聚合力 "统种共富"促振兴

——达拉特旗白泥井镇官牛犋南社土地合作经营模式的创新实践

中共内蒙古自治区委员会党校 苏蓉
中共达拉特旗党校 王耀阁

【引言】习近平总书记指出,立足小农数量众多的基本农情,以家庭经营为基础,坚持统分结合,广泛开展面向小农的社会化服务,积极培育新型农业经营主体,形成中国特色的农业适度规模经营。习近平总书记在党的二十大报告中指出,巩固和完善农村基本经营制度,发展新型农村集体经济,发展新型农业经营主体和社会化服务,发展农业适度规模经营。深化农村土地制度改革,赋予农民更加充分的财产权益。2024年中央一号文件也指出,聚焦解决"谁来种地"问题,以小农户为基础、新型农业经营主体为重点、社会化服务为支撑,加快打造适应现代农业发展的高素质生产经营队伍。

一、背景

官牛犋南社是鄂尔多斯市达拉特旗白泥井镇侯家营子村的一个自然村，因300年前就有官家以畜力犁田而得名。官牛犋南社现有户籍人口110户、281人（2021年新增34人），常住人口60户、95人，其中党员8人，全社耕地面积3161.6亩（其中有设施农业389亩），人均承包耕地面积11.3亩，全社共有宅基地321.9亩，常住户平均每户1.8亩，其余宅基地均归社集体所有，如需使用，以300元/亩的价格向社集体租用。在"统种共富"模式形成以前，官牛犋南社与其他村社一样存在着耕地细碎化、青壮年劳动力短缺、农牧业比较效益下降和农牧区空心化、农牧民老龄化、农牧业兼业化等问题。一是农业经营粗放，农民土地收益较低。土地流转后，一般农户在土地上的收入较低，每亩年租金最高时1200元，有的外出农民将土地转给亲友耕种每亩年租金600—800元，无法实现农民收益最大化。二是社会治理不够顺畅，邻里之间多有摩擦。按照二轮土地承包，以产定地，人均土地5—20亩，土地分配不均，加之浇水时间冲突等问题，邻里之间关系紧张，矛盾冲突时有发生。三是大量青壮劳力流出，存在"谁来种地"问题。由于种地收益低，年轻人"不愿种地"，农户选择土地流转，大量青壮劳力外出打工，乡村出现劳动力短缺，留守老年人"种不动地"的问题。大户进驻后，解放出来的劳动力急剧增加，企业当地用工数量有限，导致部分解放出来的劳动力闲散在家。

2019年至今，官牛犋南社通过"统种共富"土地合作经营模式彻底将农民从土地里解放了出来，这一新的土地合作经营模式是在农村土地集体所有制性质不变的前提下,将土地归于集体经营、统一耕种、统一管理、统一收获、统一销售,全体村民以土地入股的方式成为合作社成员。经过几年的土地合作经营,官牛犋南社"统种共富"合作经营模式取得了丰硕的成果,有效地探索出了一条群众增收、集体致富的共同富裕新路子。内蒙古自治区农牧厅要求各地发挥村集体组织协调作用,在具备条件的地方逐步推广"统种共富"模式,从而促进耕地高效利用和群众增收。

二、做法与成效

在"统种共富"阶段,官牛犋南社形成了"一核两共"工作机制,其中"一核"指的是以党建统领为核心,"两共"指的是经营与分配共同组织、物质与精神共同富裕。"一核两共"的工作机制中,"以党建统领为核心"和"经营与分配共同组织"是具体做法,"物质与精神共同富裕"则是强调具体成效。

一核:以党建统领为核心

"统种共富"土地合作经营模式突出党建在该模式中的引领作用,通过整合优化资源,创新经营模式,做好做活土地"文章"。党建引领具体体现在组织领导的决策规划、政策宣传的群众动员、资源整合的利益共享、示范带动的先富效应以及监督保障的持续发展等多个方面。这些方面的共同作用,使得党建引领成为推动农村共同富裕的关键力量。

一是组织领导与决策规划。党组织作为核心领导力量,负责制定和实施"统种共富"的发展战略。在官牛犋南社的实践中,村党支部领办农业合作社,与农户达成协议,将土地归于集体经营,发挥了党组织在经营模式转变中的领导作用。官牛犋南社在土地确权登记颁证过程中,为便于管理,通过"确权确股不确地"的方式,将已整合成为集中连片土地的承包权和经营权,以每人确股 11.3 亩不确定地块位置的形式,确权到拥有土地承包经营权的社员名下。在推行土地合作化经营模式中,土地所有权仍归集体,土地承包权仍归社员,入股不影响集体所有权和社员承包权,社员可以放心地把土地经营权以股权的形式流转给合作社。

二是政策宣传与群众动员。党组织通过政策宣传和组织协调,确保"统种共富"模式得到广泛认知和接受。党员干部结合"走基层、听民意、解民忧"等活动,搭建服务群众平台,积极开展政策宣传活动,组织协调企业、合作社及农民,推进土地矛盾处理,解决实施过程中的难点和问题,从而有效地动员群众参与。以 82 岁的村原党支部书记刘兵同志为代表的党员,用实例给社员做思想工作并带头主动带领大家放弃大户经营权,在启动资金垫付、农资担保方面敢做敢担,成为第一批加入合作社的社员。

三是资源整合与利益共享。在党建引领下,农村资源得到有效整合,如土地、劳动力、资金等,确保资源能够最大化地用于共同富裕的目标。同时,通过统一耕种、统一管理、统一收获、统一销售的方式,实现了全体村民按比例分红,体现了利益共享的原则。

四是示范带动与先富效应。在镇党委的鼓励带动下,党组织牵头抓总、把关定向,党员干部冲锋在前、主动带头,充分尊重群众意愿和首创精神,让群众成为改革的知情者、参与者和受益者。党组织鼓励党员和先进分子在"统种共富"模式中发挥示范作用,通过他们的成功实践来带动更多群众参与。这种"先富带动后富"的策略,是党建引领的重要体现之一。

五是监督保障与持续发展。党组织在"统种共富"模式的实施过程中发挥着监督保障作用,确保各项政策和措施得到有效执行,维护群众的合法权益。同时,党组织还关注模式的持续发展,通过不断调整和优化策略,推动农村经济实现长期稳定发展,例如帮助联系订单、对接市场,实现高效化经营,经营管理过程中,社管会全程监督,实现规范化经营。

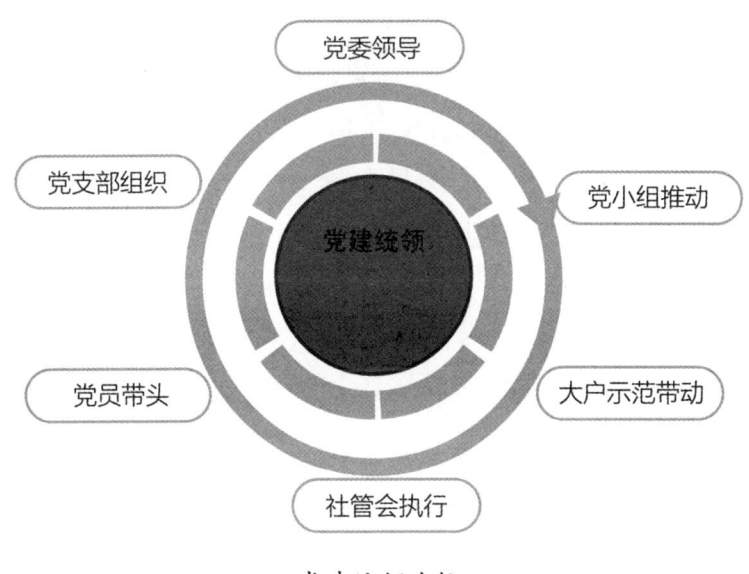

以党建统领为核心

两共:经营与分配共同组织

1. 坚持一个原则:成本共摊、收益均沾、风险共担、收益共享。

成本共摊。官牛犋南社的土地经营权由基层党组织掌握,土地归于集体经营,而不是民间组织经营或资本运作。合作社农资统一按批发价购进、田间管理和销售统一运作,解决了农业基础设施薄弱、农村人口流失和小农经济难以对接大市场的问题，使得种植成本下降。

利益均沾。具体在土地收益分配方面，按照1∶2∶7的比例进行分配（合作社提留10%，用于发展集体经济；提留20%以下管理费，用于专业人员工资或补助；剩余70%多，用于社员分红）。

风险共担。合作社通过标准化生产、科学化管理、订单化种植、集约化经营，农业科技含量进一步提高，抵御市场风险的能力进一步增强。实现了"土地平整、土壤肥沃、灌排配套、道路畅通、林网防护"，有利于耕地保护和生态环境的改善，亩均节水80立方米，灌溉水利用率显著提高，让农田变成"稳产田""高产田""增收田"，让土地焕发出新生机。

收益共享。农户以土地承包经营权入股合作社，合作社按照"土地保底+效益分红"进行分红和二次利润返还，或根据收益按股份一次性分红。同时，合作社雇佣农牧民从事生产，农户可享受保底分红、收益分红和薪金收入。

2. 成立一个机构：专业合作社。2019年4月，官牛犋南社通过党组织领办，成立专业合作社，全社村民以土地经营权入股方式成为合作社成员，土地由"一户一田"变"一社一田"，增加有效种植面积10%以上，达到3161亩，农作物耕种收综合机械化率提高5%，达到98%，亩均节约成本180元，亩均增产100公斤以上（按照玉米计算）。合作社内设理财小组、经营管理小组、监督小组，明确责任，分工协作。2023年，合作社引进了当地的一家大型社会化服务公司，为3000多亩土地提供全程托管服务。合作社与涉农龙头企业签订订单，种植有机和常规青贮玉米、贝贝南瓜、马铃薯等作物，按照保底价高于市场价且实际收购价不低于保底价的合作协议，随行就市，实现经济效益和社会效益多方共赢。

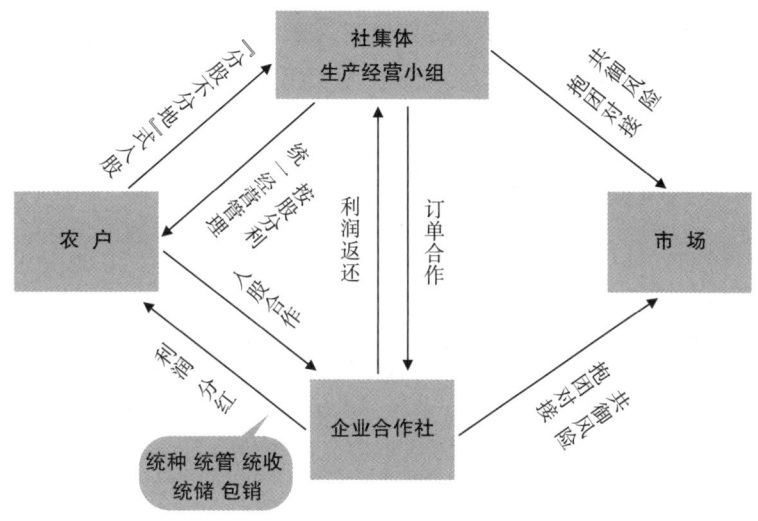

经营与分配共同组织

两共：实现物质与精神共同富裕

一是在物质方面实现增收致富。自 2019 年实施"统种共富"模式以来，在土地不增，人口增加 34 人达到 281 人的基础上，官牛犋南社的社员人均分红从 2018 年单纯流转土地时的 7680 元增加至 2023 年的 18500 元，是原有收入的 2.4 倍。2022 年，全社人均纯收入由 2021 年的 2.8 万元增加到 3 万元，比当年全旗农牧民人均可支配收入高出 5180 元、比当年全市农牧民人均可支配收入高出 4766 元。不仅红利越来越丰厚，新生儿及娶进门的媳妇也全部解决了"身份"问题，都分到了红利，真正形成了"上到九十九，下到刚会走"都可以享受到收益红利的局面。

参与土地合作经营前后基本情况对比表

阶段	时间	人		地		宅基地分配	生产经营方式	分配方式	人均收入
		户籍人口	常住人口	总耕地面积	人均耕地面积				
"单打独斗"阶段	2008年之前	231人	基本常住	2100亩	5—20亩分配不均	土房居多、条件简陋	传统耕种	自给自足	3000元
"土地整合"阶段	2008年—2013年	231人	118人	3161.6亩	10—25亩	多占多得、无序扩张	企业承包	人一半地一半	4105元
"大户先富"阶段	2013年—2019年	247人	125人	3161.6亩	12.8亩	随意抢占、标准不一	大户流转	人一半地一半	5120—7680元、大户户均收入20—30万元
"统种共富"阶段	2019年—至今	281人（2021年新增34人）	95人	3161.6亩	11.3亩	每户1.8亩、多占交租	集体经营	红利共享	11900元—18500元

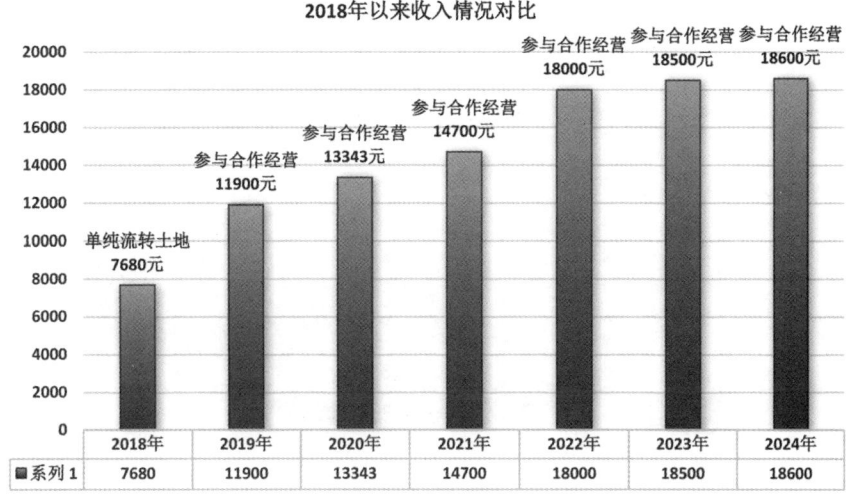

另外,"统种共富"模式通过土地规模化经营彻底解决了年轻人"不愿种地"、留守老年人"种不动地"的问题,并彻底将农民从土地里解放出来。土地集体经营后,许多青壮年安心在外发展,村里利用政府奖励和高标准农田建设项目资金,给耕地铺设了先进的滴灌设施,更能节约水肥、降低成本、提高单产。从土地上解放出来的劳动力可从事养殖、就地参与土地合作经营管理、外出打工、发展庭院经济等,实现整体收入提高。以 2019 年识别的贫困户刘某某为例,通过土地入股分红、合作社打工、公益性岗位、发展养殖业等方式,刘某某 2021 年全年收入达到了114160 元。目前,全社 60 多人打工,其余劳动力饲养 2700 多只羊,最大规模的两个养殖户均有羊 200 多只,养殖规模在 100 只以下的有 40 余户。

二是在精神方面提高共同富裕意识。在推行土地合作化经营模式后,官牛犋南社社员团结合作、共同富裕的集体意识日益增强,尤其是种植大户放弃了自身的利益,共建共治共享美丽家园

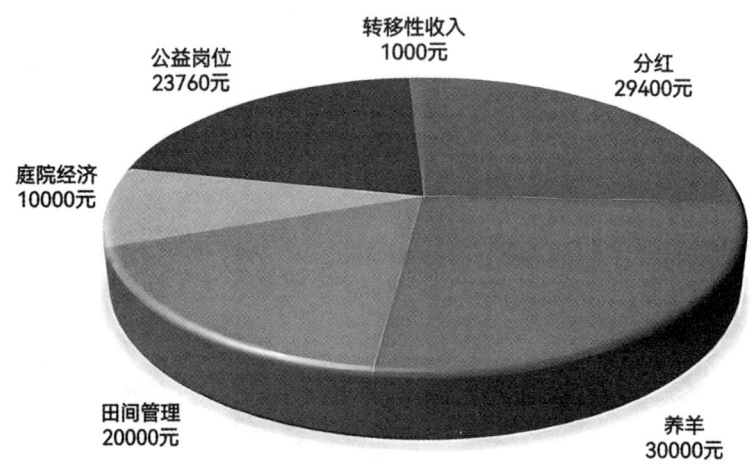

刘某某家庭（2口人）
2021年总收入114160元，人均收入57080元

成为每一名社员的共同追求，邻里之间更加和睦，村庄面貌极大地改善，人均收入越来越高，幸福指数不断提升。社员在推进农村产权制度改革、开展人居环境整治、化解基层社会矛盾、落实村"两委"工作要求方面更加积极主动，团结进取、创新合作的集体意识日益增强。每年合作社的总收入都会截留5%的款项发展壮大集体经济，用于基础设施完善、产业发展以及人居环境整治等公益事业，官牛犋南社成为全镇第一个拥有集体经济的社。四年来，社集体从收益中累计提留资金130万元用于基础设施建设、人居环境整治等公益事业支出和作为滚动发展资金继续发展土地合作经营。例如，官牛犋新建"人畜分离"养殖小区，共有48栋养殖棚圈，用于发展集中养殖。

三、经验启示

官牛犋南社"统种共富"模式的成功实践,激励达拉特旗更多村社开始探索适合本村的土地规模化、合作化道路,吉格斯太镇龚吉仁村、王爱召镇东兴村全面开启"一村一田"的统种共富合作经营模式,也已取得初步成效,并在全旗各苏木镇开始推广复制。"统种共富"模式引起了自治区的重视,官牛犋南社成为全区农牧业系统观摩学习热点村。达拉特旗委书记张秀玲同志总结道:"推行'统种共富'模式,基本做法是小田并大田,关键是放大农村党组织的政治优势、组织优势和密切联系农民增收的优势,目的是农民增收致富,以产业振兴助推乡村全面振兴,实现共同富裕。"

(一)坚持党建引领是实现共同富裕的基础前提

官牛犋南社"统种共富"土地合作经营模式的探索实践证明,办好农村牧区的事情,实现新时代的乡村振兴,关键在于充分发挥农村基层党组织战斗堡垒和党员先锋模范作用。一要坚持党的组织领导。要明确党组织在农村经济发展中的领导作用,确保党的路线、方针、政策得到有效贯彻;建立健全村级党组织,确保党的组织和工作全覆盖,为统种共富提供坚实的组织保障。二要加强党员队伍建设。通过开展培训、教育等活动,提高党员的思想政治素质、业务能力和带领群众致富的本领;发挥党员先锋模范作用,鼓励党员在统种共富实践中带头示范,引领群众共同致富。三要推动党建与产业发展深度融合。党组织要深入调研市场需求,结合本地资源禀赋,明确产业发展方向,制定科学合理的产业发展规划;党组织要牵头搭建产业合作平台,推动农户、合作社、企业等各方形成紧密的利益联结机制,实现资源共享、优势互补。四要完善服务保障机制。党组织要建立完善的服务体系,为群众提供技术、信息、资金等方面的支持,帮助群众解决生产生活中的实际问题;党组织要加强对"统种共富"过程的监督管理,确保各项政策措施落到实处,维护群众的合法权益。

(二)政策支持是推动土地合作化经营模式的强大动力

从官牛犋南社的成功实践中可以发现,强有力的政策支持在于坚持问题导向和系统思维,要将财力物力精准发力在最关键领域和最薄弱环节,要以前瞻性、整体性、系统性的思维来看待当前农村土地经营模式。相关部门要打好政策"组合拳",从基础设施建设、土地综合整治、大胆引入社会资金等多方面精准发力,完善政策倾斜与保障力度,推动乡村振兴加快现代化步伐。例如,提供财政和税收激励:政府通过提供财政补贴、税收减免等政策措施,降低土地合作化经营的成本,提高其经济效益。加强法律保障:政府制定相关法律和政策,明确土地合作化经营的合法性和权益保障,为参与者提供法律支持。提供技术指导和培训:政府可以组织农民和企业参加技术指导和培训,提高他们的农业生产和管理水平。促进产销对接:政府可以通过搭建平台、提供信息服务等方式,帮助农民和企业实现产销对接,降低市场风险。这有助于增加土地合作化经营的市场竞争力,提高其经济效益。鼓励创新和研发:政府可以通过资金支持、政策引导等方式,鼓励农民和企业进行农业技术创新和研发,提高农业生产效率和品质。

(三) 创新土地确权方式是激发社员参与积极性的有效举措

"确权确股不确地"是一种创新的农村土地承包经营权确权方式,旨在提高土地利用效率、发展集体经济并保障农民的权益。目前,以"确权确股不确地"的方式推进土地确权在江苏、上海、广东、山东等东部省份多有探索,官牛犋南社的实践无疑已经取得了很好的成效,通过确权确股,探索土地承包经营权新的实现形式,使土地承包经营权由空间形态向价值形态转化。从经验总结来看:首先,"确权确股不确地"的方式要充分尊重老百姓的意愿,并保证程序公开透明。其次,政府出台相关政策文件,对"确权确股不确地"的方式进行规范和指导,并要坚持依法保障农民对承包地的权益,从严控制使用范围,严格报批程序。再次,要有专业农业合作社进行组织保障。科学管理和规范操作的要求都需要合作社来给予保障,合作化经营模式可实现规模化种植并能有效降低成本和风险。

(四) 合作化经营是实现小农民与现代农业接轨的重要途径

官牛犋南社土地合作化经营模式,使原来单打独斗分散经营的生产方式变成现在全社"大联合"的生产方式,是农村现有生产关系的重大调整、生产力的再解放、生产水平的再提高。中国经济体制改革研究会研究员、达拉特旗政府农业顾问李昌平认为,"统种共富"模式把分散的农户变成组织化、专业化、现代化的生产经营共同体,是又一次来自基层的自发性改革创新。一是实现规模化经营与提高效益。传统的小农经营模式往往面临土地分散、资源利用率低等问题。通过合作化经营,农民可以将土地、劳动力、资金等生产要素进行整合,实现规模化经营。这不仅能降低生产成本,还能提高农业生产效率,从而增加农民的收入。二是实现技术与管理的现代化。现代农业依赖于先进的技术和管理方法。合作化经营为农民提供了集中资源的机会,使他们能够引进和应用先进的农业技术,如智能农业设备、精准灌溉系统等。同时,合作社可以聘请专业的管理团队,实施科学的管理方法,从而提高农业生产的标准化和专业化水平。三是实现市场对接与品牌建设。农民往往难以直接与大市场对接,而合作化经营可以帮助农民建立统一的销售平台,打造特色农产品品牌。这不仅能提高农产品的市场竞争力,还能增加农产品的附加值,进一步提高农民的收入。

(五)发挥群众的主体作用是实现农村社会治理能力提升的重要推动力量

官牛犋南社创新农村社会管理体制机制,发挥群众的主体作用,依托本村的《村规民约》,进一步完善本社的《社规民约》和社务公开等管理制度,充分发挥社员自我管理、自我服务、自我教育、自我监督的作用。合作社的成立、运营和管理都充分征求和尊重了群众的意见和建议。群众通过选举产生的社管会来负责合作社的日常管理运行,确保了合作社的决策能够真正反映群众的需求和利益。通过土地合作化经营产生的社集体资金,用于本社公共事务发展,解决了群众筹资的困难。积极推进基层民主建设,实现了社内事务自己协商解决,社会稳定和谐有序,形成充满活力的村民自治机制。此外,社党群服务中心、文艺队、舞蹈队等文体阵地、团队相继建成兴起,群众文化生活日臻丰富,思想凝聚力不断加强。发挥群众的主体作用,要积极发挥基层党组织在推动共治自治中的组织领导作用,深入做实"党建+治理"

文章，在基层治理中充分发挥各级基层党组织的战斗堡垒作用、共产党员的先锋模范作用，党员干部带头下沉一线、干在实处，着力解决群众急难愁盼问题，掀起人居环境整治、扮靓美丽乡村的热潮，满足农牧民日益增长的美好生活需要。基层党组织要注重激发人民的主人翁意识，提升群众参与治理的意识和能力，凝聚起更多推动基层社会治理的力量，最大限度激发基层社会创造、创新。

走向共同富裕道路上作模范的生动实践

——以"共富共享"擘画"和美小镇"的嘎鲁图镇样本

中共内蒙古自治区委员会党校　李利芳
鄂尔多斯市政府　布赫
乌审旗网络安全应急指挥中心　道力根

【引言】 2012年11月，习近平总书记在十八届中央政治局常委同中外记者见面时强调，我们的责任，就是要团结带领全党全国各族人民，继续解放思想，坚持改革开放，不断解放和发展社会生产力，努力解决群众的生产生活困难，坚定不移走共同富裕的道路。2015年8月，习近平总书记在中南海召开党外人士座谈会上强调，广大人民群众共享改革发展成果，是社会主义的本质要求，是我们党坚持全心全意为人民服务根本宗旨的重要体现。我们追求的发展是造福人民的发展，我们追求的富裕是全体人民共同富裕。2021年8月，习近平总书记在中央财经委员会第十次会议中强调，共同富裕是社会主义的本质要求，是中国式现代化的重要特征，要坚持以人民为中心的发展思想，在高质量发展中促进共同富裕。2022年10月，习近平总书记在党的二十大报告中指出，共同富裕是中国特色社会主义的本质要求，也是一个长期的历史过程。我们坚持把实现人民对美好生活的向往作为现代化建设的出发点和落脚点，着力维护和促进社会公平正义，着力促进全体人民共同富裕，坚决防止两极分化。2023年6月，习近平总书记在内蒙古考察时强调，从全国来看，推动全体人民共同富裕，最艰巨的任务在一些边疆民族地区。这些边疆民族地区在走向共同富裕的道路上不能掉队。

一、背景

鄂尔多斯市乌审旗位于内蒙古最南端，总面积11674平方千米，总人口16.53万人，境内资源富集，探明煤炭储量650亿吨、天然气1.5万亿立方米，2024年地区生产总值突破500亿元，综合实力位居西部百强县第十六位。嘎鲁图镇是乌审旗旗府所在地，位于毛乌素沙漠腹地，地势西北高、东南低，呈梁、滩、沙丘相间。气候属温带大陆性季风气候，境内河道属黄河流域，地表水资源主要集中在"一河四沟两库十六淖尔"。全镇植被覆盖率约80%，森林覆盖率约25.5%，全年空气优良天数稳定在325天以上。全镇总面积346.41万亩，其中耕地面积13.8万亩，草原面积219.8万亩，盐碱地6.2万亩，林地面积69.4万亩。矿产资源也较为富集，建有2座千万吨级煤矿（营盘壕煤矿、白家海子煤矿）。乌审旗嘎鲁图镇下辖6个嘎查、6个村和8个社区，全镇常住人口9.41万人，户籍人口3.27万人，占全旗人口总数的近2/3。党的十八大以来，嘎鲁图镇先后荣获全国首家人居环境示范城镇、全国生态文明先进镇、全国绿色名镇、全国文明镇、全国"一村一品"示范镇等多项荣誉称号。嘎鲁图镇区位条件独特，既有城镇区又有农牧区，有相当一部分居民生活于城市、生产在农村，在城乡之间来回流动。基于这样的镇情实际，嘎鲁图镇在产业发展、城乡融合、公共服务等方面持续发力，取得了积极进展，有效促进了城乡要素双向流动，积极推进农业农村现代化，为继续推进城乡共同富裕打下了较为良好的基础条件。

但在看到成效的同时，不可否认的是，嘎鲁图镇也依然面临着一些突出的问题。如：乡村产业低端化，仍然依赖传统的种植和养殖业，缺乏现代农业技术、管理手段及人员，农牧业产业链还不够完善，导致生产效率不够高，产品质量不够稳定，无法更好地满足市场需求，做强产业化和品牌化任重道远；公共服务碎片化，需求结构变化在先、供给结构变化在后，出现供给结构滞后需求结构的现象；城乡发展二元化问题，随着农牧民渐渐涌入城镇中，从事农牧业人员逐渐减少；城乡间、工农业间发展不协调，城市和工业对农村、农业的带动、辐射作用不够明显，城乡社会发展差距较大；一些资源、特点不够突出的嘎查村集体经济作用发挥不突出，嘎查村之间集体经济差距水平较大。针对这一系列问题，在全面推进乡村振兴、加快实现共同富裕的时代背景下，乌审旗基于地区实际，全力以赴统筹推进自治区"两件大事"，落实全方位建设"模范自治区"工作要求，以嘎鲁图镇为试点，在加强党建引领、推进城乡要素均衡合理高效配置、构建工作联动合力机制、多举措全方位推动民众富裕等方面进行了有效探索和实践。

二、主要做法及成效

嘎鲁图镇深入学习宣传贯彻党的二十大精神，聚焦推进共同富裕，不断攻坚克难，打造"党建统领，共富共享"品牌，以

"鸿图计划"为抓手，在共同富裕上探路先行，积极探索新思路、新方法、新举措，高标准打造一批可示范、可推广的成果，创新探寻在高质量发展中促进共同富裕的"成功密码"，多方面呈现出一幕幕共同富裕的多彩图景。推进共富共享是一次发展理念、共享模式的变革重塑，既需要有清晰的思路谋篇布局，也需要有过硬的举措推动落实，切实理清思路、找准定位、认准目标、积极作为，确保推进共同富裕工作取得实效。

（一）主要做法

1. 制定了一份科学的"鸿图"计划

嘎鲁图镇立足本地实际按照年度制定了"鸿图"计划清单，并将其作为打造共富共享产业、生态、服务、治理、创业、文化六大场景的具体抓手，全方位征集旗镇嘎查村三级意见建议，涵盖了全年各方面、各领域实施项目，明确了推进责任人与时间表，以确保全镇的各项工作任务项目化、项目清单化、清单责任化。嘎鲁图镇还将年度"鸿图"计划纳入了政府工作报告，作为法定内容由人大代表监督实施。通过"鸿图"计划的制定，确保"共富共享"工程一张蓝图绘到底。2023年，"鸿图"计划初期规划项目13个大项，44个子项目，通过向上争取资金，又新增8个子项目，最终形成共富共享社区建设、布寨嘎查现代化养殖基地、乡村道路提升改造等52个子项目，再加上免费接种HPV疫苗、动物疫病防控补贴、农牧户入场门栏安装等8项镇级人大代表票决项目的落地，全面覆盖产业发展、水电路气讯基础设施建设、民生服务等方方面面。同时，嘎鲁图镇针对目前自治区范围内还没有地区着手推动制定符合自治区地域实际的共同富裕建设标准，于2023年9月，正式对接浙江省标准化研究院开始标准化体系建设工作，积极推进标准的建设。2024 年 5 月 13 日，鄂尔多斯市市场监管局发布了鄂尔多斯市地方标准《共富共享乡镇建设指南》（以下简称《指南》），报国家标准化行政主管部门备案，并于 6 月 11 日起正式实施。据悉，《指南》是全国首个市级共富共享地方标准。这也为全市、全旗推广"共富共享"工作提供指导性意见，让"共富共享"有迹可循、方向清晰。

2. 坚持党建统领带动共富共享的推进

首先，党建"统领"思想和方向，保证工作节奏不乱、靶向不散。坚持把推动"共富共享"与深入学习宣传贯彻党的二十大精神、习近平新时代中国特色社会主义思想和全方位建设"模范自治区"紧密结合，制定《嘎鲁图镇"党建统领，共富共享"行动方案（2022—2025 年）》，并定期组织召开专题调度推进会，深化运用"四找四定"工作法（找方向、找问题、找方法、找共识，定目标、定计划、定措施、定规矩），对标先进开展"大学习、大讨论、大提升"行动，组建"理响嘎鲁图"宣讲团，选树"党员中心户"，组织领导干部下基层开展"大调研、大走访、大宣讲"行动。其次，党建"统领"行动，保障执行有力、落实有效。采取对标学、相互比、共提升的方式，以锻造"打胜仗"的班子队伍为目标，以嘎查村（社区）、二级部门为单位，通过邀请专家讲学、举办业务竞赛、实地调研等多种形式全面开展嘎查村（社区）"岗位大练兵，业务大比武"实践活动，不断加强互相交流学习、总结经验。最后，党建"统领"资源，保障各方参与、人人受益。坚持"党建引领、多元参与、全员受益"的理念，统筹调度各方资源、做强产业、做优服务，建立科学、合理、紧密的联结机制，逐步发挥嘎查村包联单位优势，用好市旗两级包联部门，吸纳驻地煤矿、油气田企业进入党建联合体，推动

"飞地抱团""片区组团"领域扩展发展模式，推行"党支部+村集体+合作社+企业+农牧户"模式。

3. 切实打造共富共享六大场景

一是坚持普惠带动，打造共富共享产业场景，奏响融合发展交响曲。构建"一园两区"产业规划，北部建立联合牧业示范区，建设一批共富共享产业项目。实施奶业振兴计划和鄂尔多斯细毛羊产业强镇项目，扩大传统养殖业规模，同时以奖代补支持伊拉兔、藏香猪、乌审马等特色畜牧产业的发展。中部构建乌审旗农业科技示范园，建立共富共享菜园。2023年，新建共富共享菜园拱棚90座，运营高标准温室22座，实施高效节水灌溉一体化项目3000亩。南部探索建设农旅融合示范区，依托已有的"文化+农业+旅游产业"融合共建格局建立做大共富共享田园综合体，实施草原主题营区、乡村旅游+青少年教育实践基地、斯布扣至神水台观光骑行道等8个子项目，覆盖全线19个研学旅游点。同时，推进农村牧区"三变"改革举措落实，搭建"一社N部"村社体系，引导嘎查村联合发展集体经济，组建强村公司，带动村民入股分红。二是坚持绿富同兴，打造共富共享生态场景，绘好绿色发展实景图。科技赋能防沙增绿，与自治区、市高校及林科院等科研院所合作，引入先进防沙治沙技术，探索毛乌素沙地治理新模式，加快植被改良提升。2023年，实施浩勒报吉淖尔小流域水土保持综合治理项目，试点实施2600亩水浇地矿井疏干水灌溉项目，全年义务植树1000余亩。建立博士工作站加强科技成果转化，大力发展林下经济、林沙经济，发展绿色循环产业。严格落实河湖长制、林长制工作责任，开展禁牧休牧和林草图斑整治工作。聚焦人居环境整治，实施城乡垃圾收运一体化项目。三是坚持共建共治，打造共富共享治理场景，唱响邻里和谐好声音。嘎鲁图镇紧扣模范自治区在兴边、稳边、固边上做模范的工作要求，加快推进国家市域社会治理典范建设，聚焦精细化网格服务，以"一网三统"（一网统筹全域、一网统管行业、一网统领服务）为抓手，设立"每周三网格日"，构建"网格党支部+网格长+专兼职网格员"网格化管理队伍，优化升级"三分吸附法"，创新实施"一网统管、信访代办"治理模式。四是坚持民生至上，打造共富共享服务场景，抒写暖心共享幸福事。坚持以解决老百姓急难愁盼问题为导向，将有限的财力用在"刀刃上"，提升就业、教育、医疗、社保、养老等生产生活性服务保障。2023年，嘎鲁图镇累计发放低保、高龄津贴等974.37万元，惠及群众2108人，全镇城乡居民医保参保率达到97%以上。在城区对各类"城镇顽疾"进行全面整顿，建设邻里中心、睦邻会客厅、共享餐厅、共享球场、共享心驿站等一批场所。截至2023年底，启动运营"共享餐厅"10家，累计发放助餐补贴55万元，受益16万人次；建成投用共享球场14个、邻里中心28个，新改建"党群+共享小屋"7个，开通483个"共享心驿站"，打造多元融合的"15分钟生活圈"，着力创造共居共学、共建共享、共事共乐的社区环境。在农村牧区扎实推进"水电路气讯""五网配套"全域覆盖，为农牧民生活生产赋能提效。五是坚持示范引领，打造共富共享创业场景，激发人才兴业强引擎。搭建创业平台，引导支持群众自主创业，不断培育和壮大实用人才队伍。2023年，嘎鲁图镇乡土人才库人才已充实至313人，组织乡土人才参加各类专业培训880余人次、外出学习考察18次。持续优化各类人才工作体制和人才政策，制定嘎鲁图镇人才工作计划、乡村人才振兴教育培训实施方案，全旗首家博士工作站联动48名专家开展技能培训，促进创业就业。在社区配置孵化用房等空间，组建嘎鲁图镇毛乌素沙地产业人才团队、共富共享合伙人团队，开展实施巧手妈妈手工坊、柳编工坊等一批创业服务项目。六是坚持互嵌共融，打造共富共享文化场景，画出民族团结同心圆。坚持以铸牢中华民族共同体意识为主线，率先推行睦邻友好的邻里文化，全镇成立20个铸牢中华民族共同体意识促进会，开展"感党恩、听党话、跟党走"群众实践教育活动160余次，设立"25号邻里日"并举办"520"共富共享邻里节。推动文化载体向嘎查村社区延伸，举办共富共享年货节、丰收节、消夏晚会、村歌嘹亮歌曲大赛等文化活动。

4. 聚力实施五项工作联动机制

一是组织领导机制。实施"一把手工程"，镇党委、政府切实承担起主体责任，成立嘎鲁图镇建设共富共享行动领导小组，各有关部门、嘎查村社区明确职责分工，并把建设"党建统领，共富共享"三年行动纳入全镇经济社会发展总体规划，坚持农村牧区与城镇社区同步推动，及时调度进展情况，研究解决遇到的问题。二是资金分配机制。设立嘎鲁图镇共富共享引导基金，支持引导嘎查村（社区）重点培育发展共富共享产业服务项目。整合全镇现有的政策和资源，积极争取旗财政、国土、交通、林草、文旅、农牧等部门的政策资金支持，统筹保障共富共享行动资金，切实做好任务落实、项目推进等各项工作。三是内外联建机制。发挥市旗两级包联驻村力量最大效能，为基层争项目、理思路。积极协调吸纳驻地企业加入，在产业发展、消费帮扶等方面予以全力支持，助力乡村全面振兴。在镇内组建党建联合体、共富共享联盟等紧密的区域联结体。四是工作评价机制。充分发挥广大群众、社会组织、协会团体的主体作用，搭建全社会参与平台、畅通群众建议渠道，把群众满意作为最高标准。五是优化提升机制。坚持对标先进，边学边干边想，根据实际情况及时调整实施路径和任务举措。坚持说实话、谋实事、出实招、求实效，一件事情接着一件事情办，一年接着一年干，在攻坚克难中进一步提高能力、增强本领，力求做到既有好作风、又有好成效。

（二）主要成效

1. 强化了党组织和党员干部在推进共富共享中的战斗堡垒和带头示范作用

通过加强党的建设，不仅使建设"共富共享"新生活成为全镇各族干部群众的思想共识与努力方向，强化了党组织战斗堡垒的功能和充分发挥了党员干部的带头示范作用，增强了领导干部的实战意识、综合素养和斗争精神，提升了领导干部业务和服务水平，而且广泛调动和利用了能聚集的所有力量，推动产业联建、活动联办、资源互补。嘎鲁图镇已打造6个"嘎查+村+社区""共富共享党建联合体"，不断带动着产业提质升级和产业经济蝶变跃升，推动着集体经济发展壮大，实现着公共服务的持续改善和城乡居民发展成果的共享。

2. 形成了推动共富共享的有效工作联动机制体系

嘎鲁图镇通过各方密切协作配合，勇于先行先试，改革突破难题，不断形成了有效推动共富共享的工作联动机制体系，不断打造着党委统领、党政共管、部门协调、全社会积极参与的共富共享的全新格局。嘎查村（社区）越来越能主动适应新要求、新常态，不断化解不利因素，变挑战为动力，层层落实行动责任，日益促成件件有人抓、事事有人管、一级抓一级的创建势头。广大的城镇居民、农牧户也普遍认可、支持党和政府的工作，追求和实现共同富裕的积极性与内生动力被充分激发，更有信心主动投身到共富共享的行动中来。嘎鲁图镇在实际中做到了聚焦重点、聚集资源、聚合力量，在促进城乡互动、产业互补、资源互通上取得了突出的成效，形成了一批推动共同富裕的标志性成果，在探索和蹚出一条边学习、边改革、边发展的共富之路上已经迈出坚实的步伐。

3. 实现了共富共享全方位扎实高效推进

嘎鲁图镇通过打造惠民、富民、安民的"共富共享六大场景"，推动各族群众生活富裕富足、精神自信自强、环境宜居宜业、社会和谐和睦、公共服务普及普惠，让老百姓实实在在感受到了生活中的新变化和新进步，发自内心地感党恩、听党话、跟党走。产业方面，产业带富的发展劲头持续增强。细毛羊等产业链不断完善，伊拉兔、藏香猪、乌审马等特色养殖规模持续扩大。优质农业稳产保供，坚决守牢了广大群众的米袋子、菜篮子。农旅融合活力倍增，农旅融合发展功能布局和产业体系进一步完善。2023年，镇所辖12个嘎查村集体经济经营性纯收入由2022年的20万元突破至25万元以上，总收入从1000万元突破到1100万元以上，形成集体与农牧户"双增收"的良性循环。生态方面，生态治理扎实有效，人居环境持续向美。用绿色低碳、循环利用、美丽经济实现生态治理"破题答卷"。实现镇域生活垃圾分类收运处置全覆盖，新建投用巴音柴达木村颗粒燃料加工厂，每年创造5万元集体经济收益的同时还为村民就业提供岗位。整体上探索形成了环境整治、生态循环和新能源开发的复合型利益联结，生态面貌得到持续改善。基层治理方面，不断走细走实，基层基础更加夯实。通过全面推行"信访代办制"，将服务延伸至人民群众"家门口"，全镇居民诉求调处满意率达到100%，被评定为信用镇，人人尽责、人人享有的基层社会治理新格局已初步形成。

公共服务方面，共享服务实现更精准，民生保障更温暖。通过提升居民社保参保率、运营"共享餐厅"、设立邻里中心、建设"党群+共享小屋"、开通"共享心驿站"、打造"15分钟生活圈"等多措并举，逐步实现基层服务水平提档升级，让小镇既便民更"暖"民。就业创业方面，创业人才队伍不断壮大，创业就业成效开始显现。乡土人才来源和渠道不断得到拓展，群众增收致富的内生动力不断激发，广大群众创业就业技能得到提升，为家庭增添幸福的能力得到增强。文化方面，邻里文化滋润人心，共享文化生活日益丰富。以各族群众喜闻乐见的方式，丰富了公共文化服务活动，促进了邻里、群众间的交流交往交融，营造了"与邻为善，以邻为伴"的良好邻里氛围。

三、经验启示

"党建统领，共富共享"已成为乌审旗高质量发展的一张"新名片"，充分发挥了增强本领和凝聚共识的作用，有效激发了"温暖小镇"的人气和活力，探索出了一条具有嘎鲁图特色的共同富裕新路径，在加快实现城乡居民共富共享上的有效做法和经验值得学习借鉴与推广复制。

（一）抓好党建工作是推进共同富裕的根本政治保证

"党建统领"是乌审旗嘎鲁图镇走向"共富共享"的法宝。嘎鲁图镇牢固树立"抓党建就是抓全局"的理念，把抓好基层党建作为干好一切工作的前提和基础，始终坚持抓党建与促发展、惠民生紧密结合，以高质量党建为高质量发展提供坚强保障。党组织在推进共同富裕中始终应发挥坚强领导核心、主心骨的作用。

"打铁还需自身硬",加强党组织的建设是推进共同富裕的根本政治保证。通过加强基层党建,增强党组织的本领,不断提升党组织在做人的思想方面的优势,增强统领发展的能力和水平,最终实现把准方向、凝心聚力、实现目标的目的。也正是在党组织的坚强领导下,嘎鲁图镇立足自身实际,很好地做到了对推进共富共享的战略规划和谋篇布局,带领全镇人民找到了一条顺应大局、群众认可的发展路径,建成了一批惠民务实的共富共享产业项目。目前"共富共享"在当地干部群众当中耳熟能详、可观可感。实践证明,只有办成了一系列老百姓想办的事情,解决了老百姓关切的问题,才能让各族群众真正感党恩、听党话、跟党走,在奋进新征程上更加有形、有感、有效。

(二) 敢于革新思想观念,激发推进共同富裕的创新活力

思想是行动的先导。嘎鲁图镇尽管相对而言有着率先实现共同富裕的比较优势,但是也面临城乡发展差距大、农牧产业低端与规模尚小、社会公共服务低质与碎片化等不少难题,按照传统的思维观念已经不大可能突破现有的困境,唯有大胆革新,转变思想、革新观念、创新思维,才有可能闯出一片新天地,激发一方发展活力,才有可能在共同富裕的道路上走在前、做表率。不仅要广大干部和工作人员进一步解放思想,敢于突破固有思想观念,而且要结合本土居民的乡土风情,通过适当有效的途径和方式,如以"我们都是一家人"为主题,以举办"共富共享邻里节"为起点,设立"25号邻里日""每周三网格日",举行"村歌嘹亮大赛"等,加深浓厚邻里文化的同时,充分释放并利用这种乡村文化的活力,建设温暖小镇,推动各族群众交流交往交融,让"邻里"的意识重归人群,邻里之间和睦友好,民族之间团结

奋进，广大群众心往一处想、劲往一处使，协力奔向共富路，同心共圆致富梦。事实证明，只有切实解决好"人"的问题，突破思想的藩篱，拉近情感的距离，才能让全镇干部和群众在铸牢中华民族共同体意识上更加充满活力，才能激发广大人民群众创新创造的活力，大家你帮我赶一门心思向共同富裕迈进。

（三）做大做强优势产业和特色产业，打牢共同富裕的坚实根基

奔向共富，产业为基。没有产业做支撑，没有物质上的富裕做基础，精神富裕乃至全面的共同富裕就是空中楼阁、无根之木。嘎鲁图镇通过逐渐联合相近区域、发动企业带动、链接村民个人等举措做强优势产业和特色产业，全镇鄂尔多斯细毛羊、草原红牛、藏香猪、特色奶食品等主导产业稳步壮大，神水土鸡等特色产业渐次崛起，社区集体经济发展实现从无到有，呈现欣欣向荣的势头。事实证明，只有做好优势产业、打好产业"特色牌"，鼓起老百姓的"钱袋子"，切实做大全民享有的"蛋糕"，才能让全镇干部群众在走向共同富裕道路上拥有实实在在的获得感和幸福感。

（四）做好民生服务工作，增强推进共同富裕的内生动力

公平公正、高效优质的民生服务保障是推进和实现共同富裕的应有之义。通过高质量的民生服务保障推动共同富裕的实现。嘎鲁图镇通过实施"一网统管，信访代办"，协调职能部门干部下到网格，协助嘎查村、社区了解居民真实诉求，化解民众内部矛盾，把服务做到群众家门口和心坎上。信用镇的称号大大提升了政府公信力。社会保障是最基础的民生保障，也是促进共同富裕的内在要义。嘎鲁图镇通过推动资源整合，从多方面做实民生

保障，实现了基层减负、保障增能，减轻了农牧民的后顾之忧，大胆开拓致富之路。实践证明，通过做实民生保障和提升社会服务工作，让广大居民感觉到生活更有烟火气、更有人情味，事事有人管、件件能帮办，才能使全镇在创新基层社会治理上更有成效，干部群众推进共同富裕更有信心和动力。

（五）打造一支高素质勇担当的工作队伍，充当带领群众走向共富的先锋力量

推进共同富裕，人民群众是主体力量，而由领导及工作人员组成的工作队伍是冲锋陷阵的关键性决定因素。嘎鲁图镇通过开展"岗位大练兵、业务大比武"，组织"大走访、大调研、大宣讲"，浓厚了一方"比、拼、赶"的氛围，锻造了一支"人靠谱、会做事、打胜仗"的工作队伍。事实证明，只有把抓落实放在第一位，说了就干、干就干成，才能让全镇干部群众在弘扬新风正气、狠抓工作落实上更有切实的感受，才能推进共同富裕取得更加卓越的成效。

将国家向北开放的桥头堡打造得巍然蓬勃

——呼和浩特市加快发展开放型经济的实践与探索

中共呼和浩特市委党校　贾祎　杨美

【引言】2023年6月7日，习近平总书记在呼和浩特市中环产业园考察时强调，我们坚定不移实行高水平对外开放，敞开大门搞建设，一起合作实现共赢。2023年6月8日，习近平总书记在内蒙古考察工作结束时强调，要牢牢把握党中央对内蒙古的战略定位，完整、准确、全面贯彻新发展理念，紧紧围绕推进高质量发展这个首要任务，以铸牢中华民族共同体意识为主线，坚持发展和安全并重，坚持以生态优先、绿色发展为导向，积极融入和服务构建新发展格局，在建设"两个屏障""两个基地""一个桥头堡"上展现新作为，奋力书写中国式现代化内蒙古新篇章。要积极参与共建"一带一路"和中蒙俄经济走廊建设，提升对外开放水平，构筑我国向北开放的重要桥头堡，在联通国内国际双循环中发挥更大作用。

一、背景

呼和浩特市加快发展开放型经济，努力将国家向北开放重要桥头堡打造得巍然蓬勃,是统筹"两个大局"的战略需要,是优化国家全方位开放布局的战略需要,是加快构建新发展格局的战略需要,是自治区高质量发展的需要,同时也是"强首府"的需要。

呼和浩特市发展开放型经济具有两面性。一方面呼和浩特市是自治区的首府城市,是全区政治、经济、文化、科教和金融中心,整体经济底子和发展对外开放的现实基础都较为扎实。2013—2021年,呼和浩特市累计进出口额在12个盟市及计划单列市中位列第四,占全区进出口总额的12.94%;累计进口额位列全区第五,占全区进口总额的10.08%;累计出口额位列全区第二,占全区出口总额17.74%。另一方面呼和浩特市是内陆城市,向北开放的重要桥头堡作用发挥不充分,外向型经济对首府经济拉动的效果不明显。与自治区其他盟市相比:区位比较优势不明显,全区20个各类口岸中,呼和浩特市仅有一个航空口岸;平台优势发挥不充分,截至2022年底,呼和浩特航空口岸尚未建成进境海关制定监管场地、发送的中欧班列不能在本地办理海关通关手续;经济互补性不强,就中蒙俄经济走廊通道建设来看,2013—2021年,呼和浩特对俄蒙进出口总额分别位列各发生贸易国家进出口总额的第三位和第十三位,呼和浩特"六大产业集群"相关产业的外向型企业更多的是与美国、新西兰等国发生进出口贸易;边腹互动有待提高,呼和浩特市是内陆型城市,缺少公路、铁路口岸,在边腹互动中处于典型的"腹"的位置,与距离较近的二连浩特、满都拉口岸、珠恩嘎达布尚未建立高效联通、优势互补、协同发展的口岸腹地一体化发展格局。自治区第十一次党代会之前,呼和浩特市进出口总额(如下表所示)占地区生产总值比重始终在4%—5%,净出口总额占地区生产总值的比不足0.1%。

呼和浩特市进出口总额与地区生产总值

年份	进出口总额（亿元）	净出口（亿元）	GDP（亿元）
2019	124.3	2.82	2791.5
2021	132.44	−5.12	3121.4

二、主要做法

呼和浩特市深入学习贯彻习近平总书记对内蒙古重要指示精神，市第十三次党代会提出，在开放定位上，围绕习近平总书记提出的"打造我国向北开放重要桥头堡"的重要要求，首府要发挥政治、经济、文化、区位等方面独特优势，加快构建"东融、西联、南通、北开"全方位发展新格局。全力推动面向俄蒙欧"对外开放圈"。

针对以上面临的问题和主要矛盾，呼和浩特市委、市政府认真贯彻落实《国务院关于推动内蒙古高质量发展奋力书写中国式现代化新篇章的意见》《内蒙古自治区人民政府关于支持呼和浩特市高质量发展的意见》《关于建设国家向北开放重要桥头堡的实施方案》要求，立足首府发展实际，积极发挥首府比较优势，不断汇聚开放合力，挖掘平台优势，拓展平台资源，着力提升口岸（腹地）过货通行能力、便捷通关能力、联动发展能力，努力形成"口岸+通道+产业+物流"协同联动发展格局，着力书写强首府工程的"对外开放"篇。

（一）汇聚开放合力

呼和浩特市委市政府充分利用《内蒙古自治区人民政府关于

支持呼和浩特市高质量发展的意见》的政策红利，发挥首府比较优势，加强与自治区发改委、商务厅、呼铁局、呼和浩特海关等单位的联系沟通，与呼和浩特海关签署加快推动首府外向型经济高质量发展合作框架协议，建立合作机制和联席会议制度，对照《内蒙古自治区党委关于全方位建设模范自治区的决定》制定了《呼和浩特市关于建设国家向北开放重要桥头堡的实施方案》，持续汇聚呼和浩特市对外开放发展的整体合力，努力将区位劣势变为区位优势，打造高水平、深层次的首府向北开放新高地。

（二）挖掘平台优势

除了呼和浩特航空口岸，呼和浩特市对外开放平台还包括呼和浩特综合保税区（以下简称：综保区）以及中国（呼和浩特）跨境电商综合试验区（以下简称：综试区）。2023年以来，呼和浩特市深入挖掘现有对外开放平台的优势。一是积极申建白塔国际机场进境指定监管场地。建立《呼和浩特市保障进境高风险动植物及其产品检疫风险联防联控工作制度（试行）》、组织相关部门对项目周边辖区开展环评、指导白塔机场完成《呼和浩特白塔国际机场进境冰鲜水产品指定监管场地可研报告》，截至2023年11月，《呼和浩特市人民政府关于设立白塔国际机场航空口岸进境冰鲜水产品制定监管场地的请示》已报送自治区政府并取得海关总署同意，截至2023年底该项目主体建设已基本完成，正在准备申请预验收。该指定监管场所的建成，将填补呼和浩特市航空口岸功能的空白。二是积极推动新机场航空口岸规划建设。结合呼和浩特新机场建设进程，按照自治区党委关于呼和浩特区域枢纽航空口岸定位，对接自治区口岸办、呼和浩特海关、内蒙古边防检查总站等9个部门（单位）多次召开了呼和浩特新机场航空口岸建设工作协调会，同步谋划新空港综合保税区和指定监管场地布局，为空港口岸建成验收奠定基础。三是积极推动综保区提档升级。呼和浩特市政府印发《呼和浩特市人民政府关于支持呼和浩特综合保税区发展的意见》，强化政策支撑，支持综保区解决历史遗留问题及引进重点项目，贵金属精炼加工、二手车出口等重点项目加快推进，跨境电商保税备货模式加快发展。2023年比2022年在区注册企业新增72家，已达到120家，新增产业涉及二手车出口、车辆改装、贵金属精炼加工、班列运营、跨境电商、一般贸易以及商协会等。经初步核算，2023年底，综保区实现进出口额超60亿元，2024年1—4月，综保区实现进出口额30.86亿元，同比增长46.67%，创历史同期新高。四是积极推动综试区的建设及发展。综试区于2018年7月正式获批。2023年，为了推动综试区的健康发展，呼和浩特市政府进一步加强政策引导，印发《关于促进中国（呼和浩特）跨境电子商务综合试验区发展的若干政策》。这一政策的出台，实现了综试区主要业务模式政策支持"全覆盖"，促进跨境电商重点业态加快发展，2023年综试区完成贸易额21.08亿元。

（三）拓展互补潜力

针对俄蒙中亚以及国内的现实需求，呼和浩特市努力拓展互补潜力，力争成为俄蒙及中亚等地需求品的中转集散地、辐射国内的全球商品始发地。一是积极拓展二手车整车出口业务。2022年12月，呼和浩特市成功入选全国第三批二手车出口业务试点地区。2023年，综保区主动对接周边二手车出口企业，完成二手车出口申报审批备案，车辆主要销往蒙古国、哈萨克斯坦、俄罗斯、迪拜、芬兰等国家。截至2023年9月底，企业已累计出口车辆

800余辆，出口额超6000万元。在此基础之上，为了解决"酒肉穿肠过"的问题，综保区继续推动搭建集车辆采购、出口检测、配件供应、仓储物流、金融保险、境外销售、售后服务保障及车辆改装等于一体的二手车出口全产业链体系，努力将呼和浩特市打造成为北方地区重要的二手车出口加工基地。二是积极推动铂族贵金属精炼加工落地。以综保区下属国有公司牵头，引进全球领先的铂金提纯工艺，不断打通循环经济，完善贵金属上下游产业链。一方面有助于战略性减少我国贵金属进口依赖，另一方面可为清洁能源、5G、航天航空、环保、医药产业等提供高纯的贵金属原材料。三是搭建软平台，深化对外交流合作。一方面助力企业拓宽对外沟通联络渠道，持续深化与蒙古国、俄罗斯经贸合作。例如，组织乌兰巴托市APU乳业股份有限公司与伊利、蒙牛等知名乳企、乳业设备生产企业洽谈对接并达成合作意向。组织呼和浩特市在蒙投资经营的蒙古国南戈壁资源集团公司、蒙古国大旅国际旅游公司参加"蒙古国经贸投资合作论坛"。另一方面加强国际科技合作平台载体建设，重点建设国际科技合作基地、国际合作院士专家工作站等，推动开展国际技术交流合作。指导内蒙古蒙医药研究会引进蒙古国医院科学院沙宝力道院士及团队建设"内蒙古蒙医药研究会传统蒙医药院士专家工作站"，建成"三级蒙医远程可视化诊疗平台""名老蒙医远程传承平台"和"蒙医传承辅助平台"，促进名老蒙医学术思想和临床经验的共享和传承，进一步拓展国际科技创新合作领域。

（四）畅通边腹互动

当前，呼和浩特市着力打造包括区域交通物流中心在内的6个中心城市。围绕交通物流中心，现已获批"商贸服务型国家物流枢纽""国家骨干冷链物流基地""陆港型国家物流枢纽"等3个物流枢纽基地。呼和浩特市探索将已有的物流优势转化为国内国际双循环的优势，畅通边腹互动。一是积极发运"青城号"中欧班列、中亚班列，提高本地办结出口清关手续效率。自2021年12月29日以来，"青城号"中欧班列已常态化运行。2023年通过与呼铁局、呼和浩特海关及属地海关的沟通合作，铁通物流园及沙良物流园区已申建成铁路运输类海关监管作业场所。中欧、中亚班列在沙良、铁通物流园内完成申报、查验、放行等作业发车后，可直接从二连浩特铁路口岸出境，国内运行时间从之前的1—2天缩短到10小时左右。2023年，呼和浩特市共开行中欧班列50列（其中回程3列），是2022年的4.2倍，搭载标箱5470个，货重4万吨，货值1.47亿美元。2024年1—4月，综保区中欧班列和中亚班列累计到发20列，货值2.7亿元。企业出口货物从两个物流园区发运出境，出通行效率和呼和浩特市始发中欧、中亚班列的数量进一步提升。二是探索"区港联动"，畅通物流通道建设。2023年8月，综保区首单"区港联动"进口业务成功入区通关以来，在市委、市政府以及赛罕海关、北京铁路局集团、呼和浩特铁路局集团的大力支持下，经过不断地探索与尝试，综保区与天津港联动合作实现"区港联动"模式落地，为客户提供"海铁联运+内陆保税仓储+分拨配送+内陆箱管"的特色物流服务。在综保区办理海运业务将享有天津港货船仓位优先发货的待遇，通过叠加综保区贸易补贴、及铁路运费下浮的形式，实现"一个承运单位、一次结算、一份提单、一份保险、一箱到底"的全程联运，一方面大幅降低企业物流成本，另一方面将本应留在呼和浩特市的进出口额留在首府，让本土外贸、加工、物流企业在家门口就能享受港口的大部分服务便利。三是探索"公铁海多式联运",助力打造区域性中心城市。在持续强化与天津港合作的同时,呼和浩特市探索TIR国际卡车班列运输模式,将"区港联动"业务进一步向本地企业延伸,积极发展并拓宽"公铁海多式联运"物流体系建设。目前,呼和浩特市"空、海、公、铁"四位一体的对外通道雏形体系已基本建成,同时依托呼和浩特市已经获批的3个物流基地金字招牌,可着力吸引呼和浩特周边3小时经济圈内的企业经呼和浩特市发货出海、出境,全面推动呼和浩特国际贸易通道建设提质增效,实现对内对外开放合作水平稳步提升。

呼和浩特市第十三次党代会以来,呼和浩特市委、市政府通过持续汇聚开放合力、挖掘平台优势、拓展互补潜力、畅通边腹互动,推动国家向北开放的重要桥头堡的合力不断凝聚,进出口平台不断赋能增效,与俄蒙、中亚等"一带一路"国家经济互补潜力不断被挖掘,与二连浩特市、天津市的边腹互动逐步走向良性循环,进出口业务的数量、品类、范围不断提升。一是对经济的拉动作用有了明显提升。以净进口额为例,2013—2021年,呼和浩特市净出口总额累计为24.19亿元,年均2.68亿元,位列自治区14个盟市(计划单列市)的第七位;2022年净出口总额为3.30亿元,位列全区第六位;2023年净出口总额为41.77亿元,位列全区第三位。二是对六大产业集群的辐射带动作用有了明显提升。以"区港联动"为例,与天津港的物流联动,是呼和浩特市委、市政府主动探索出的一条畅通欧亚大陆物流新通道,进一步提升首府贸易自由化便利化水平,对于促进呼和浩特市进出口贸易回流,维护内蒙古产业链供应链安全稳定发挥积极作用。一方面,首蓿草等大宗贸易在"区港联动"模式下,进口货物抵港前即可在呼和浩特赛罕海关完成入区申报,然后全程一箱到底,从天津港铁路运输直达综保区，拆箱后在保税状态下仓储，再根据客户需求陆续分拨配送至目的地。另一方面，通过往返班列的组织和内陆箱管的精细化管理，进口货物卸完后的海运空箱，将继续装载呼和浩特出口的味精、金霉素、高岭土等货物通过铁路回运至天津港直接装船出口，形成重来重回的"钟摆式"运输。三是对外开放的朋友圈不断扩大。以中欧班列为例，比起2021年12月刚刚发运时，两年后无论是发送数量、货值、班列还是品类都有了大幅提升和改变。除了以前发送的电子产品、家用电器，新增的二手车出口业务，精准地满足了"一带一路"国家消费者的需求。以获批"呼和浩特羊绒"和"呼和浩特羊绒围巾"两个地理标志为例，建成国家外贸转型升级基地（羊绒制品）公共展示中心，将有效提升首府羊绒产业品牌价值，进一步提升羊绒出口产品的价值。

三、经验启示

呼和浩特市作为自治区的首府城市，作学懂弄通做实习近平总书记对内蒙古重要指示精神的表率，主动挖掘现有平台优势、不断为平台赋能增效，充分发挥首府优势，为开放型经济发展汇聚磅礴的合力，让首府真正的"首"起来。

（一）积极融入新发展格局，是发展好开放型经济的前提条件

习近平总书记强调，新发展格局决不是封闭的国内循环，而是开放的国内国际双循环。对外开放是我国经济发展的重要法宝。在新的起点上，发展好开放型经济是内蒙古服务融入新发展格局的重要基础，更是呼和浩特市书写中国式现代化首府篇章的使命

担当。呼和浩特市跳出对外开放看新发展格局，跳出俄蒙看对外开放，加快构建"东融、西联、南通、北开"的全方位发展新格局，构建"首府都市圈""呼包鄂乌'一小时城市圈'""京津冀'两小时经济圈'"以及"面向俄蒙欧'对外开放圈'"，加强与京津冀、长三角、粤港澳大湾区和东三省的联通，多次赴国内外、区内外招商引资，并推动多个项目落地，正是在联通国内国际双循环中发挥更大作用的生动体现。

（二）不断丰富平台功能，是发展好开放型经济的重中之重

呼和浩特市委、市政府集思广益、科学筹划，克服区位劣势条件所限，依托仅有的开放平台——呼和浩特航空口岸和综保区（海关特殊监管区域），大力发展外向型经济，丰富首府地区口岸功能，全面扩大开放口岸的支撑能力，走出一条从无到有、从弱到强的体现首府服务型外向经济之路。一是积极申报航空口岸海关指定监管场地，逐渐丰富符合首府及周边地区需求的各类监管类型。二是依托首府客流、区位优势，加快恢复国际（地区）航线，促进首府旅游发展，丰富消费业态。三是推动盛乐国际机场航空口岸规划建设，谋划新空港综合保税区和指定监管场地布局，为首府临空经济区建设奠定基础。四是发掘首府物流通道新功能，推动建设铁路、公路运输类海关监管场所，积极发运"青城号"中欧、中亚班列，竭力惠及"六大产业集群"。五是推动铁路、公路的海关监管场所建设，积极发运"青城号"中欧、中亚班列，提高本地办结出口清关手续效率，探索与天津港"区港联动"，探索"公铁海多式联运"，打通物流新通道，助力打造区域性中心城市。

(三) 有效提升开放活力,是发展好开放型经济的重要举措

呼和浩特市委、市政府深挖当前和未来开放经济的需求,锚定中欧、中亚班列沿线国家需求,锚定"六大产业集群"的实际情况,深化供给侧结构性改革,通过不断提升自身供给能力来提升开放活力。一是优化产品出口结构。面对已经回暖的二手车出口市场,积极组织本地企业建立二手车出口全链条体系。二是优化产品供给结构。面对高端制造业代表的新质生产力所必需的铂族贵金属,打造贵金属精炼加工产业。三是优化产品流通结构。通过中欧、中亚班列发运,"区港联动"的推动,构建开放型经济新通道。四是优化产品服务结构。研判"六大产业集群"中涉进出口类的项目,并为此类提供服务。如苜蓿草进口及生物医药类产品的出口,这些已经取得的成果或正在推进的工作,正是呼和浩特市从贸易国的需求出发、从国内大循环的需求出发、从外贸企业的需求出发、从本地"六大产业集群"的需求出发,主动深化供给侧结构性改革,推动开放型经济高质量发展。

(四) 不断汇聚开放合力,是发展好开放型经济的关键一环

事物之间是普遍联系的。将国家向北开放重要桥头堡打造得巍然蓬勃,发展好开放型经济,书写首府对外开放新篇章,不是呼和浩特市委、市政府或是呼和浩特市商务局、呼和浩特市综合保税区、呼和浩特市跨境电商综合试验区等某一个单位、一个部门或几个单位、几个部门可以完成的事业和使命。呼和浩特市积极申请铁路、公路、航空等海关特殊监管场所,努力将区位劣势变为区位优势,加强边腹互动,在打造高水平、深层次的首府向北开放新高地上作出了很多努力。这些成果,正是呼和浩特市从

问题导向出发，发挥首府比较优势，加强与自治区发改委、商务厅、呼和浩特铁路局、北京铁路局、呼和浩特海关、天津港等单位联系沟通，持续汇聚呼和浩特市对外开放发展的整体合力而取得的。

"内外兼修　引育联动"

——包头市破解老工业城市人才发展困境的经验做法

中共包头市委党校　张鹿园

【引言】 习近平总书记在党的二十大报告中指出，我们要坚持教育优先发展、科技自立自强、人才引领驱动，加快建设教育强国、科技强国、人才强国，坚持为党育人、为国育才，全面提高人才自主培养质量，着力造就拔尖创新人才，聚天下英才而用之。2021年，习近平总书记在中国科学院第二十次院士大会、中国工程院第十五次院士大会和中国科学技术协会第十次全国代表大会上强调，当今世界的竞争说到底是人才竞争、教育竞争。要更加重视人才自主培养，更加重视科学精神、创新能力、批判性思维的培养培育。要更加重视青年人才培养，努力造就一批具有世界影响力的顶尖科技人才，稳定支持一批创新团队，培养更多高素质技术技能人才、能工巧匠、大国工匠。2024年，习近平总书记在二十届中央政治局第十一次集体学习时强调，要按照发展新质生产力要求，畅通教育、科技、人才的良性循环，完善人才培养、引进、使用、合理流动的工作机制。要根据科技发展新趋势，优化高等学校学科设置、人才培养模式，为发展新质生产力、推动高质量发展培养急需人才。要健全要素参与收入分配机制，激发劳动、知识、技术、管理、资本和数据等生产要素活力，更好体现知识、技术、人才的市场价值，营造鼓励创新、宽容失败的良好氛围。2024年内蒙古自治区政府工作报告中指出，拿出招商引资的劲头招才引智。坚持不求所有、不求所在、但求所用，既可"筑巢引得凤凰来"也可"天高任鸟飞"，打造好自治区在北京、上海、浙江等地的科创飞地，鼓励支持地方和企业在先进地区建设人才飞地。

一、背景

包头市是国家"一五"时期重点布局建设的工业城市，工业基础雄厚。近年来，大力实施创新驱动发展战略，围绕"两个稀土基地"和"世界绿色硅都"不断推动重大项目建设，加快布局了高端装备制造、新型冶金、光伏新能源、风电装备制造、稀土新材料等产业，有力推动了传统产业提档升级和战略性新兴产业发展。工业化的广度与深度为包头各类人才的培养和发展提供了丰厚的土壤。然而，随着产业转型升级的加快，各类人才在数量、结构和质量方面的不足以及人才引进、培育、成长、使用等方面的短板日益凸显，一度面临域外人才引不来、本地人才留不住的被动局面，成为城市高质量发展的瓶颈。

人才吸引力优势不足。近年来，随着经济社会高质量发展步伐的加快，全国各大城市都把吸引人才列为重点工作任务。相比于发展基础好、人才聚集效应明显的大城市，包头市作为老工业城市在经济发展水平、自然环境、区位条件、科研保障、教育资源、人文环境等方面优势明显不足，面临高层次人才及团队引进难、已有人才流失风险增大，基础人才吸引力不足、驻包高校毕业生留包率偏低等问题。

产才融合发展面临挑战。近年来，随着包头老工业基地转型升级的深入推进，对产才融合发展提出了新的更高要求。以硅产业为例，从2016年开始，包头市逐步聚集了通威、新特、弘元等一大批光伏硅行业的头部企业，涵盖上中下游各个领域，已形成从工业硅到多晶硅、单晶硅，再到切片、电池片、组件的完整光伏产业链。与蓬勃发展的硅产业相比，相关产业人才的支撑远远落后于产业发展的步伐。在调研中，我们了解到硅产业企业普遍存在较大相关产业人才需求，预计未来几年人才缺口将达到5000人左右。

人才政策竞争力不强。人才政策是做好人才引、育、留、用工作的指南针，也是服务人才的参照表。和许多城市一样，包头市人才政策在一定程度上也存在与人才工作现状发展脱节的问题，人才政策的针对性和有效性还有较大提升空间。如存在部分人才政策与周边城市趋同，人才政策精准性不强，没有有效回应不同类型、不同层次人才的需求，人才政策主要集中在前期引入阶段，人才工作链条中"服务链"相对滞后，对引进人才之后如何留得住、用得好等延伸政策考量较少等问题。此外，人才政策的知晓率、落实率等方面也存在进一步提升的空间。

二、主要做法

为了进一步破解老工业城市人才工作发展困境，包头市以习近平新时代中国特色社会主义思想为指导，忠诚践行习近平总书记关于人才工作的重要论述和"一个创新、三个实现"重要指示，坚持党管人才原则，立足老工业城市转型发展实际积极搭建人才成长平台，以"内外兼修、引育联动"为思路，大兴识才、爱才、敬才、用才之举，大力营造尊重人才、崇尚劳动的社会风气，探索形成了可复制、可推广的人才工作创新发展"包头模式"。

（一）具体做法

1."内修"政策，提升人才吸引力

围绕"打造人才政策差异化优势"这一目标，包头市不断推动人才政策迭代升级、优化创新，实施综合性人才项目，着力加强人才工作顶层设计，改革创新人才发展体制机制，实行更加积极、更加开放、更加有效的人才政策。

第一，"人才政策包550"完善人才政策体系。为了破解以往人才政策发布中存在的碎片化、模糊化、同质化等问题，包头市推出"人才政策包550"，其中涵盖了人才引进、人才培育、创新平台支持、人才发展评价、人才服务保障5大板块。在系统梳理人才政策的基础之上，结合城市发展比较优势和其他地区人才政策，优化推出10条针对性强、含金量高、优势明显的人才引、育、留、用金牌政策，进一步提升了人才政策的体系化。同时，"人才政策包550"将每一个政策文件和操作流程制作成为二维码，用清晰明了的词条和简洁平实的语言对每一项政策进行描述，方便人才和用人单位对政策"码上查询"。"人才政策包550"明确了每一项政策的责任单位和承办单位，注明了每一名承办联络人的办公电话和手机号码，随时接受监督，表明了推动人才政策落地见效、树立政府诚信形象的决心。

第二，"事业编制企业用"破解人才招引难题。为了进一步提升人才吸引力,破解产才融合发展中的难题,包头市创新推出"事业编制企业用"人才政策,以极大诚意吸引各类人才。实践中,包头市委编办根据岗位计划建立编制"周转池",人才录用后,实行"专编专用、动态管理"。编制由市人事考试中心代管,市委编办根据企业引进计划足额保障当次用编数量,让人才带着事业编制到企业工作。引进人才与用人企业签订劳动合同,根据企业安排到岗工作,同时与编制所在单位签订三方补充协议,人才录用后在聘用岗位的最低服务年限为5年,以打破常规的工作方式探索解决老工业城市转型发展中企业引进人才难题的突破口。

第三,"人才需求目录"提升人才政策精准度。包头市连续五年制定并发布《高层次和紧缺急需人才需求目录》,为政府部门优化人才举措、高校优化学科专业设置、重点产业链优化升级等提供重要数据支撑和科学依据。同时,为了进一步适应老工业城市转型升级对技术人才的需求,包头市先后印发了《包头市关于提高技术工人待遇的实施意见》《包头市人民政府关于推行终身职业技能培训制度的实施意见》《包头市打造"工匠之都"实施方案》等政策文件,从政策层面为产业转型升级提供人才支持,目前已将3个稀土产业职业工种、3个硅产业职业工种、10个新业态工种纳入重点人才引进、培养、培训目录,进一步提升了产业转型升级过程中人才政策的针对性和精准度。

2. "外修"形象,织密人才服务网

围绕"提升服务人才精细化水平"这一目标,包头市创新推出"人才恳谈会""人才周""一鹿通"等品牌活动,在全面提升人才服务能级的同时树立"爱才、敬才、用才"形象。

第一,"人才恳谈会"搭建交流连心桥。如何让更多人才的声音被听到、需求被发现是衡量人才服务精细化程度的重要指标。

为了进一步畅通人才服务沟通渠道，包头市委组织部和人才工作相关部门创新建立了常态长效"人才恳谈会"机制，邀请各类人才为产业"问诊"、为发展"把脉"、为人才工作"献策"，通过问题的梳理、盯办、反馈，形成工作闭环，提升各类人才对城市的认同感，优化人才发展生态。目前，"包揽人才 头等大事"人才恳谈会已举办9期，共服务专家人才94人，收集各类事项和建议129件，已经全部办结。最大限度激发各类人才的创新创造活力，把人才优势转化为创新优势、科技优势、产业优势，为产才融合高质量发展不断注入强劲动力。

第二，"人才周"营造尊重人才风气。为了进一步增强各类人才对包头的认同感、融入感、归属感和荣誉感，不断优化包头市人才发展生态。2023年6月29日，包头市十六届人大常委会第十次会议上，表决通过了《包头市人民代表大会常务委员会关于设立"包头科技创新日"暨"包头人才周"的决定》，"包头市人才周"和"包头科技创新日"，是以城市的名义，以专属节日的形式，借助系列活动的开展，打造包头人才品牌，礼敬为包头发展作出贡献的各类人才。在"人才周"期间，通过奖励表彰、论坛研讨、同台竞赛、成果展示、宣传普及等活动，营造尊重人才、崇尚劳动的良好社会风气。

第三，"人才一'鹿'通"提升服务效能。为了更好地为各类人才和企业提供"一对一""点对点"的精准化服务，包头市发布"人才一'鹿'通"定制式服务智慧平台。企业和人才可以通过平台实现有需求"一码申报"，市、区两级人才服务部门"码上"承办，教育、卫健、科技、人社等35家人才服务部门"码上"受理，实现人才和用人单位意见建议线上受理、全程督办、闭环销账的目标。"一站式"线上服务让各类人才实现"办事找得到门、找得对人"，切实感受到城市的关爱和温暖。截至目前，"人才一'鹿'通"智慧服务平台累计解决人才问题100多个，接听咨询热线1000多次，成为了各类人才温暖贴心的"娘家人"。

3. "滴灌"引才，打造人才集聚地

围绕"以招商引资的劲头招才引智"这一目标，包头市不断创新思路，优化"引才小分队""引才地图""人才飞地"等举措，进一步提升了人才招引工作的精准性和辐射范围。

第一，"引才小分队"实现"靶向引才"。包头市优化整合全市"招才引智"力量，成立固化5个市级"招才引智"小分队，精准耦合京津冀、东三省、陕甘青、晋鲁豫、内蒙古区内与包头人才需求契合度高的5大片区，并从全市范围内择优确定10名县科级熟悉产业发展、科技合作、人才招引等领域的年轻干部为"挂职引才专员"对接5大片区，分别赴北京科技大学、吉林大学、兰州大学、太原理工大学等10所国内重点高校招生就业部门挂职。近年来，高质量组织100多家企事业单位打响"才聚两都——用一座城市的梦想欢迎你"品牌，小分队先后深入40多所院校开展"招才引智"活动。为了进一步吸引区内、市内毕业生，举办了自治区高职院校招才引智专场推介会和"毕业了，留包头"包头校园专场招聘会。创新开展"百所高校招就处长包头行活动"，建立"招才引智"工作站41家，聘请高校招就处长122名担任"招才引智"大使，用心用情用真诚全力做好"招才引智"工作。

第二，"引才地图"实现"按图索骥"。包头市在充分调研的基础之上，绘制了产业"引才地图"，其中涵盖了包头市重点产业和企业人才需求、重点产业领域全国高校生源分布及行业专家情况等,"引才地图"能够在帮助各类人才获得产业发展方向、规划未来职业发展的同时,为企业提供各类学校的青年人才和产业领域成熟人才的分布情况,精准定位所需人才,从而制定有针对性的招引计划和主攻方向。同时,为了进一步增强各类人才对于包头市的了解,提升"引才地图"的匹配度,包头市实施了"筑梦鹿城"优秀学子社会实践行动,先后对接清华大学、北京大学、哈尔滨理工大学、兰州大学等师生来包头市实践,推出"小鹿回家"活动,吸引包头籍大学生回包实习工作,激发其为家乡做贡献的热情。

第三,"人才飞地"实现"但求所用"。按照习近平总书记"要实行更加开放的人才政策,不唯地域引进人才,不求所有开发人才,不拘一格用好人才"的指示,近年来,包头市创新思路,不断加大柔性引才力度,实行"一事一议、一人一策",布局和推进北京、上海、杭州、南京、重庆等地"科创飞地"建设,组织市内企业与大院、大所合作共建研发单元,积极探索"人才飞地"引才模式,进一步拓宽了人才引进渠道。2023年8月20日,揭牌启动"包头·北京科创基地",以"科创资源中转站、人才科创飞地、城市科创会客厅、科技招商桥头堡、科创孵化服务平台"5大功能,构建起"首都技术,包头加速"的双城协同创新格局,开创了"飞地集聚,基地承载"的京包联动"人才共享"新模式。

4."多维"育才,延长人才成长链

人才不光靠"引"更要靠"育"。在实践中,包头市紧密结合人才培养实际,积极建立以岗位为载体的多元培训体系,不断延长人才培养链条,为人才成长积极搭建平台。

第一,建好产教融合育人平台。围绕"世界稀土之都""世界绿色硅都"建设，包头市紧扣内蒙古自治区重点产业链和包头市"五大战新产业集群"对人才的需求，不断优化产教融合育人平台建设。推动内蒙古科技大学联合内蒙古新特硅材料有限公司等光伏硅生产加工企业设立了硅产业学院，填补了自治区在光伏硅生产加工领域人才培养的空白，硅产业学院实行"3+1 理实一体"本科人才培养模式，打通本硕博贯通式培养，有效提升毕业生能力与企业需求之间的匹配度。同时，紧扣内蒙古自治区重点产业链和包头市"五大战新产业集群"对人才的需求，不断优化职业教育专业结构布局，按照中职、高职一体化发展思路，联合相关行业企业牵头组建专业联盟，实现每条产业链至少有 2 所高职院校和 2 所中职学校精准对接的目标。

第二，畅通人才成长渠道。为了进一步拓宽人才成长空间，包头市不断强化职业技能等级评价，积极构建职业资格评价、等级认定、能力考核等多元化评价体系，在自治区范围内首推"新八级工"制度模式、首设"技能大赛重奖"制度、首创本土国际化技能认证机制，全市认定自主评价机构 74 家，累计 33.7 万人次取得各级各类职业资格证书，为技能人才厚植成长"沃土"。截至目前，开展补贴性企业职工岗位提升培训 12114 人次、农牧民工培训 4203 人次，累计拨付补贴资金 1518.1 万元，有效提升了劳动者就业竞争力与职业技能水平。

第三，技能竞赛促进人才成长。技能竞赛既是促进人才成长的重要方式又是检验人才工作的重要途径。包头市积极组织各类技能大赛，形成了"以大赛促教学、以大赛促改革、以大赛提师资、以大赛促宣传"的良好氛围，各行各业积极组织、承办、参加各级各类技能大赛，让人才培养成效经受社会检验，为城市发展积累竞争资源。2023 年，包头市"才聚两都"全域人才岗位实战练兵暨"工匠杯"职工职业技能比赛吸引了全市各行业领域的1300余名人才参与,带动了全市超20万职工参与岗位实战练兵,进一步点燃了各类人才刻苦钻研的职业热情。

(二) 主要成效

人才是推动产业升级和城市发展的关键力量,面对老工业城市产业转型升级带来的人才需求和发展困境,包头市以有解思维破解难题,不断创新人才引、育、留、用工作,以"内外兼修,引育联动"为指引,全面提升人才工作效能,全方位助力人才成长成才,推动产才融合发展。目前,已初见成效。一是人才生态持续优化,更加精准的人才政策加之更加精细的人才服务理念逐步树立起"包你满意、包你放心"的包头人才工作品牌。2023年6月6日,内蒙古自治区党委人才工作领导小组确定包头市为人才发展体制机制改革试点地区和产才融合示范基地。二是创新人才加快集聚。2024年,包头全年引进高层次和急需紧缺人才9332人,新增高技能人才5346人,新增专技人才1.46万人,高校毕业生留包率达25.4%。

三、经验启示

包头市推动人才工作创新发展的实践是在习近平新时代中国特色社会主义思想指导之下,立足产业转型升级和城市高质量发展与人才供给不足矛盾之上进行的有益探索,为各地推动人才工作创新发展提供了可复制、可推广的经验。

(一) 提升人才政策的精准性

为了更好地吸引和留住人才,各地都在努力优化人才政策,在日益增强的人才竞争压力之下，提升城市人才工作的比较优势就要在政策制定上提升精准度，包括完善政策体系，提升政策的针对性和操作性，以及对已出台的各项人才政策落实情况进行定期跟踪了解，重点对实际工作中落实有困难的政策进行优化细化，完善实施细则，从而进一步提升人才工作的科学性和透明度。

（二）提升人才服务的精细度

人才工作归根结底是在做"人"的工作。人才的引育、产业的发展，除了政策、平台等重要因素，对人才的关心关爱也不可或缺。而在人才服务工作中，只有更加注重细节，提供更加个性化、差异化的服务，才能够满足各类人才的多元化需求。一方面要针对不同类型、不同层次的人才提供不同的服务内容和服务方式，如面向高端人才的科研项目支持、面向青年人才的创业扶持等；另一方面要畅通沟通反馈机制，如定期召开座谈会、建立线上平台等，让各类人才感受到被尊重、被重视，更好地激发各类人才干事创业的热情。

（三）以系统思维促进引育协调联动

对于老工业城市来说，引不来人、留不住才是人才工作面临的固有顽疾，只有更好地挖掘人才价值，实现"人尽其才"，才能真正引得来人、留得住才。因此，在积极开展人才招引工作的基础上，要把更多的资源和精力投入到已有人才的培育体系建设上，通过定期培训、挂职锻炼、技能竞赛等各种途径加大人才培育力度，形成"外部引"与"内部育"协调联动、人才数量与质量同步提升的良性格局。

（四）用心用情激发本土存量人才活力

相对于发展基础较好的大城市在平台、资源等方面的优势，老工业城市在人才工作中存在天然短板，因此更要在用心用情激发本土存量人才活力上下功夫。一方面，要打好"感情牌"，增强本土生源对于家乡发展变化的了解，激发其建设家乡的热情；另一方面，要千方百计用好本地高校、职业院校毕业生，在专业匹配、顶岗实习、政策待遇、发展平台等各方面挖掘潜力，提高本地毕业生留存率。

航天铸梦建功业　守望相助强国防
——额济纳旗传承红色基因守护祖国北疆的生动实践

中共阿拉善盟委党校　原公霞

【引言】"守望相助",是习近平总书记对内蒙古的殷切期望。"守,就是守好家门,守好祖国边疆,守好内蒙古少数民族美好的精神家园;望,就是登高望远,规划事业、谋求发展要跳出当地、跳出自然条件限制、跳出内蒙古,有宽广的世界眼光,有大局意识;相助,就是各族干部群众要牢固树立平等团结互助和谐的思想,各族人民拧成一股绳,共同守卫祖国边疆,共同创造美好生活。"

一、背景

额济纳旗位于内蒙古最西端,北与蒙古国毗邻,陆地边境线长达507千米,是内蒙古面积最大,人口最少的旗(县)级单位,常住人口3.5万,有汉、蒙、回等12个民族,属于典型的边疆民族地区。被誉为世界三大载人航天中心之一的东风航天城,就位于额济纳旗的南部地带。新中国成立之初,毛泽东同志提出要大力发展国防事业。1958年3月,中央正式批准在内蒙古额济纳旗建设导弹试验靶场。5月,根据党中央、国务院、中央军委指示,中共内蒙古自治区委员会、内蒙古自治区人民委员会作出在额济纳旗宝日乌拉地区进行国防建设的决定。为了支援国防建设,为了支持祖国的国防建设,额济纳旗人民在5—9月中旬开始陆续搬迁。此次搬迁前后历经了12年,克服诸多困难,走遍了11万平方千米的山山水水,先后"三易旗府",谱写了共和国国防建设史上"最好牧场为航天"的历史佳话。自此以后,额济纳旗的名字与航天科技事业的发展紧密地联系在一起。

多年来,额济纳旗各族人民在航天精神指引下,积极支援国防建设,守望相助,守护祖国北疆安全稳定。但是也遇到诸多问题:一是地理位置偏僻,地区情况特殊。地理空间"边"和"远",与传统的中心地区相距遥远,联通条件差,紧靠国境线;二是经济发展滞后,边境情况复杂。额济纳旗地处偏僻,同其他地区相比,经济与社会发展相对滞后,国境线两侧的人员往来相对复杂;三是社会治理落后,文化差异突出。额济纳旗社会治理体制机制方面与东部发达地区存在明显差距。不同民族之间存在着差异。

二、主要做法

(一) 坚持国家至上,军民融合强国防

额济纳3.5万中华儿女担负着"守土戍边、服务国防、维护边疆"的重任。半个多世纪以来,这里的城镇面貌、人民生活发生了翻天覆地的变化,但始终不变的是地方党委、政府和各族干

部群众坚定支持国防和军队建设的初心。

一是持之以恒，支持国防不移志。东风航天城是我国组建最早、规模最大、技术最先进的综合性试验发射场，也是目前我国唯一的载人航天发射场。自1958年至今，从"神一"成功发射到"神十八"安全着陆，额济纳各族人民一次次为神舟飞船和航天英雄筑起温暖、平安的"家园"。从神舟十二号载人飞行任务开始，着陆场确定为额济纳东风着陆场，首次开启着陆场系统常态化应急待命搜救模式。额济纳旗组建了联合搜救队伍，开展搜救和安保工作，由民警、民兵、机关干部职工、农牧民群众、医护人员、电力和通讯保障人员等组成的11支搜救分队按照各自职责、任务进行演练，协助做好每一次神舟返回舱的返回搜救工作。额济纳旗军地分工协作，组建了由旗人民武装部牵头，多部门配合的军地联合指挥所，全力做好回收、交通、安全、电力、通讯等各项保障工作，严格执行军地联合指挥所统一部署，按照"守、望、搜、报、封"的原则，开展人员疏散、对空观察、搜寻上报、警戒封控等工作，一次次圆满完成了演练任务，为助力国防事业，守护祖国北疆贡献力量。

二是军地共建，传承红色基因不变色。额济纳旗持续推行军地共建从三个方面着手：第一，建立"三联三动"（党组织联建互动、党员联系互动、活动联办互动）工作机制。以军地党委为引领，落实到支部联建模式，实行分组定点结对联建，通过主题党日、航天日、"八一"慰问等交流平台，搭建军政、军民沟通桥梁，广泛开展"送医、送药、送法下基层""聚合力、促振兴""新时代文明实践志愿服务""军地学雷锋志愿服务"等活动，进一步夯实军地共建基础，在提升军地党组织战斗堡垒作用上实现深度融合。第二，应用五联机制，共建平安辖区。依托"重要信息联通、重大活动联动、突发事件联处、治安维稳联防、平安辖区联创"的协作机制推进军地信息共享，充分发挥联勤联防联动优势，在治安管控、社会稳定、应急救助、森林草原防火、防凌防汛、国家安全等工作上全面发挥联防组织效能，切实保障辖区社会和谐、平安稳定。第三，通过五个载体，共享创建成果。"一张名片+一种文化+一个传统+一个舞台+一片热土"，谋划特色产业，厚植军民鱼水情，深度发展军民融合，助推乡村振兴。一张名片，即神舟故里，享誉全国的军地共建的结晶；一种文化，即红色文化，"航天烈士陵园""发射塔架旧址""最好草场为航天，三易旗府为国防"及宝日乌拉机关旧址等爱国主义红色教育资源；一个传统，即双拥传统，国防教育、拥军优属、拥政爱民、安保疏散、文化拥军等项目接续发力；一个舞台，即将培育和践行社会主义核心价值观与文明创建相融合，搭建文化舞台；一片热土一家人，即驻军部队对乡村振兴大力支持，东风镇对国防建设不遗余力，军地双方高质量推进军地军民深度融合发展，共同推进社会治理再上新台阶。

三是健全机制，落实双拥不含糊。首先，坚持将双拥工作作为重要"政治工程"。主要领导挂帅走访慰问并现场协调解决双拥工作有关问题，由退役军人事务部门牵头协调完善服务机制，形成党政军三位一体、群团组织广泛参与、成员单位各负其责、基层单位具体落实的全盘联动格局。不断提高服务国防建设的能力和水平，强化基础设施建设，优化社会服务保障，倾力解决"三后"问题，统筹实施供暖、给排水、道路改造等34个项目；成立街道办事处、市监分局、联合执法站等机构解决随军家属就业，办理随军家属落户，为部队官兵提供法律援助服务，实现部队、军人、军属"三满意"。将退役军人纳入党组织管理，建立退役军人三级保障网络体系,联合开展军地"党员先锋+维稳+服务"履职活动,实现优势互补、强弱共建、共同发展,形成军地协调发展、军民团结一心的良好双拥格局。其次,不断创新完善双拥工作机制、内容和方式。在5个边境、4个边界嘎查大力实施"五边行动",通过"活动+宣传、实事+网格、人才+发展、结对+包联、自治+联治",建立"苏木镇党委+嘎查党支部+驻地军警部队和派出单位党组织"的"党建联合体",探索推动边防派出所主官进入驻地苏木镇党委班子,通过组织生活、共促产业发展,凝聚党组织战斗力、向心力、创造力。着力发挥嘎查"两委"及"都贵楞"作用,采取"堡垒户+蒙古包哨所+牧户"工作模式,成立"边境一家亲"抵边警务室,在抢险救灾、乡村振兴、维护稳定、矛盾纠纷、医疗服务等事关群众利益的方面持续发力,解锁边境管理服务盲区,建设安定边境、富裕边境、和谐边境,激发边境党建新活力。最后,坚持多领域强化双拥文化宣传教育。举办传承红色基因、航天魂双拥情为国防等主题教育,组织开展节日慰问、文艺演出进军营、双拥工作成果展及军地联谊等活动,强化党员干部群众双拥意识和国防观念。发扬服务国防传统,主动做好军事活动服务保障,圆满配合完成服务保障任务百余次,疏散农牧民群众近5000人次。自1992年以来,额济纳旗六次荣获"全国双拥模范县"称号,九次被评为"自治区双拥模范旗",谱写了"军爱民,民拥军,军民团结一家亲"的华丽篇章。

(二)打造特色名片,聚焦航天做文章

展开额济纳旗的文化历史长卷,灿烂厚重的文化底色深植于居延历史文化沃土之上。额济纳旗在航天精神指引下,厚植文化

品牌，为守护家园注入特色鲜明的文化底蕴。

一是加强教育宣传，传颂红色故事。额济纳旗立足本地红色资源禀赋，在寻找、保护、利用好红色文脉上"做文章"。结合红色遗迹普查工作开展和地区生态保护实践探索启示，深入挖掘额济纳历史"三易旗府"、居延海生态保护建设、算井子边防派出所、"时代楷模"苏和、"治沙愚公"图布巴图等典型人物代表，新时代战士楷模张良等红色资源的丰富内涵与时代价值，打造了集爱国主义、民族团结、军民融合等内容于一体的额济纳航天精神党性教育基地，通过理论讲述、视频观看、现场观摩体验等方式，面向全社会广泛开展宣传教育，引导全社会传承红色基因。

二是深耕红色沃土，开发航天文化。以航天科学为题材，设计制作了航天摆件、航天纪念品。以航天精神为基本元素，创作的话剧《东风呼啸起》，在全国多地成功巡演。2024年，又围绕航天故事，编导了歌舞剧《岁月如歌》，全面宣传额济纳人民舍小家、顾国家，支持航天事业的历史故事，通过乌兰牧骑、文化下基层等多种形式演绎、传播红色文化，高度融合时代价值，不断增强文化自信，感受航天文化带来的震撼。近年来，创作的舞剧《土尔扈特婚礼》、话剧《西风烈》、实景剧《阿拉腾陶来》、歌舞情景剧《胡杨红》等大型剧目在全国巡演，都取得圆满成功。高品质文化产品，繁荣发展文化事业、文化产业充分展现了额济纳各族人民在建设祖国北疆的生产生活实践中塑造的精神特质。

三是做强特色旅游，塑造航天品牌。额济纳旗结合实际，坚持把特色旅游开发摆在突出位置，塑航天品牌特色的旅游文化，有效增强了各族人民的国防意识。将民族团结进步与文旅品牌打造相融合，签订《"融通东风航天游"2023年度爱国主义教育参观渠道合作协议》，积极融入西北游、沿黄城市带大环线，规划额济纳航天载梦红色旅游线路。打造军民共建"航天+旅游"融合发展试点项目，即以东风航天城及其周边附属设施升级改造为主体，配套额济纳旗达来呼布镇建设航天科技体验园和航天精神党性教育基地，形成航天实景观摩、航天党性教育、航天科技体验为一体弘扬载人航天精神、了解航天事业、体验航天科技深度融合的"航天+旅游"旅游模式。打造"弘扬爱国主义精神+旅游"融合发展试点项目，即以蒙古族土尔扈特部遗址、土尔扈特非遗旅游体验基地为主体的爱国主义教育基地。打造"弘扬中华优秀传统文化+旅游"融合发展的试点项目，即以黑河流域文化旅游带串联居延文化体验片区、胡杨风景游览片区和中蒙风情商贸片区。在航天精神的引领下，东风航天城的红色旅游品牌项目逐渐完善，在神舟系列飞船发射观礼活动中，观众可体验近距离观看神舟飞船发射现场，近距离感受航天旅游的震撼和国防强大的自豪。

（三）传承红色基因，多元并举育新人

一是依托红色资源，开展主题活动。额济纳旗依托东风航天城历史展览馆、载人航天发射场、问天阁、烈士陵园、东方红二号发射场、宝日乌拉党政机关旧址等红色教育资源，着力打造红色教育"经典线路"，以旗委党校、基层党校、流动党校为阵地，建设额济纳航天精神党性教育基地，扎实开展干部教育培训。同时，采取"理论+实践"相结合的方式，切实提升航天精神的穿透力和感染力，让广大党员干部群众在真情实景中接受精神洗礼、汲取奋进力量。旗委、政府着力用群众喜闻乐见的方式讲述额济

纳旗历史和早期革命先辈的事迹，用党的光荣传统和优良作风坚定信念、凝聚力量。广泛组织开展"传承红色基因感受传统文化 践行劳动教育争做强国少年"主题活动、"爱我国防，共筑北疆"主题系列活动、"情系边关 服务边防"红色文化进军营活动等，努力提高群众知晓率、参与率，发挥潜移默化的教育影响作用，让广大干部群众自觉传承红色基因，增强爱国情怀。通过国旗下的讲话、座谈会、主题教育、分享会等形式，开展"中国航天日"主题教育、"缅怀先烈 颂我中华"诗歌朗诵会活动、"石榴花开一家亲 同心共筑中国梦"民族团结进步教育活动、"讲红色故事 传承红色精神"红色故事分享会等活动，不断增强青少年的责任感和使命感，厚植报效祖国的情怀。

二是增强跨地交流，开展主题研学。额济纳旗紧跟红色文化教育热潮，以爱国主义教育为主线，打造"航天精神"研学旅游新模式，推出"航天科技研学旅游""感悟家国情怀·托举大国重器"爱国主义教育主题线路，组织开展"传承红色基因感受传统文化践行劳动教育争做强国少年""爱我国防共筑北疆"等主题系列活动，扩大"祖国情·中华行"青少年爱国主义参观学习活动规模，有组织地开展举办了"京蒙少年手拉手 航天精神代代传""绿色驼铃"团队航天精神红色研学等跨省区青少年交流活动，开辟了青少年"三交"新阵地。吸引北京、南京等地青少年开展红色研学活动，通过"行走的党课"追寻航天足迹。通过线上线下实践活动，深入了解我国各族人民团结奋斗带来的沧桑巨变和伟大成就，在实践中深化对中华民族共同体的认同。

三是用好红色连线，开展主题课堂。2023年9月21日15时45分，"天宫课堂"第四课正式开讲，神舟十六号航天员景海鹏、朱杨柱、桂海潮在浩瀚的太空中，面向全国广大青少年进行授课。

在额济纳旗蒙古包地面课堂内，来自阿拉善盟各旗区的 120 名中学生见证了草原与"天宫课堂"的首次"天地互动"。孩子们与太空中的航天员老师互动交流，在孩子们的内心播下了探索科学的种子，也将激发孩子们对科学的热爱，增强孩子们的民族自豪感与爱国情怀。

（四）强化共同意识，增进民族团结

额济纳旗有着悠久的民族团结进步历史和优良传统，多年来认真落实中央民族工作会议精神，积极做好民族团结进步创建工作。

一方面，抓实民族法规的学习，为铸牢中华民族共同体意识奠定理论基础。为奋力谱写中国式现代化建设内蒙古新篇章，额济纳旗积极开展党的民族理论政策和法律法规宣传教育，精心打造"一周两月"宣传教育品牌，编印《中央民族工作会议精神应知应会 100 问》《民族政策法规知识 100 问》，全面推广普及国家通用语言文字，尊重和保障少数民族语言文字学习使用。打造铸牢中华民族共同体意识教育展厅、石榴籽乡村大舞台及 15 处民族团结进步示范点，以群众喜闻乐见的方式宣传党的民族政策和法律法规，讲好民族团结进步故事，大力宣传党中央对内蒙古的关怀与支持，深植厚培忠诚维护、感恩奋进的情感之基和力量之源。把民族团结进步教育作为固本之举，纳入干部教育、国民教育、社会教育，持续加强党的民族理论和民族政策教育，稳步推进国家通用语言文字和国家统编教材使用工作，深入实施中小学思政课一体化建设，开展"少先队员心向党　民族团结一家亲"等各类宣教活动 60 余场次。将每年 9 月确定为"全旗民族团结进步宣传月"，通过集中宣传民族理论和法律法规，举办成就展、知识竞赛、演讲比赛、文艺演出等活动，全力营造各民族共同团结奋斗、繁荣发展的良好社会氛围。引导各族干部群众不断增强"五个认同"，正确树立马克思主义"五观"，铸牢中华民族共同体意识。

另一方面，做好民生保障和脱贫攻坚，为铸牢中华民族共同体意识打牢思想基础。额济纳旗始终将保障和改善民生作为民族团结进步创建工作的落脚点。为了打通困扰各族群众生产生活的"淤点""堵点"，坚持把民族团结进步创建工作与民生保障、脱贫攻坚等工作融合推进，增强了发展活力，改善了民生福祉。逐年增加民生领域的投入，社会保障日益加强，城乡居民医疗保险参保率达100%以上，养老保险参保率超过95%，基本实现了医疗保险及养老保险全覆盖，城乡居民人均可支配收入均高于全国平均水平。

三、经验启示

额济纳旗各族儿女在党中央领导下，在守望相助、团结奋斗中凝聚起强大的发展合力。通过对此案例分析，笔者认为边疆民族地区如何传承红色基因，赓续精神力量，做好"守"的工作，可以从以下几个方面着力：

（一）加强党的领导，坚持政治引领

坚持不懈地用习近平新时代中国特色社会主义思想武装党员、教育群众，强化意识形态教育，坚定理想信念，引导各族群众深入理解中国特色社会主义道路，牢固树立正确的世界观、人生观和价值观。同时加强边疆意识，强调边疆民族地区在国家安全和

发展中的重要地位，增强边疆民族地区人民的归属感和认同感。各地政府要高度重视相关工作，不断提高党委、政府的政治判断力、政治领悟力、政治执行力，认真履行主体责任，把党的领导贯穿民族工作全过程，形成党委统一领导、政府依法管理、统战部门牵头协调、民族工作部门履职尽责、各部门通力合作、全社会共同参与的新时代党的民族工作格局。

（二）加强民族互通，坚持美美与共

"各美其美，美人之美，美美与共，天下大同"，习近平总书记用这句话形容令人向往的人类文明光明图景，强调"着力加强国际传播能力建设、促进文明交流互鉴"。作为边疆民族地区，必须巩固提升各民族全方位嵌入水平，突出"融"的理念，强化和谐家园建设的社会基础。要坚持"共"的导向，强化"嵌"的格局，加强各民族的交融与共生，不断提高各民族在空间共聚、文化共享、经济共融、社会共治、心理共识等方面的全方位嵌入水平，深化创造各民族共居共学、共建共享、共事共乐的社会结构和社会条件，促进各民族在理念、信念、情感、文化上的团结统一、守望相助、手足情深。加强"融"的宣传教育。讲好中华民族发展史与地方发展史中民族交往交流交融的故事，采用通俗化、大众化的语言进行宣传，开展典型宣传，营造各民族广泛交往交流交融的良好氛围；常态化开展"民族团结进步宣传月"等系列主题宣传教育活动，在全社会范围内铸牢中华民族共同体意识，使之根植于各族人民心灵深处；积极扶持更多的优秀文艺作品，全面提升铸牢中华民族共同体意识的社会认知度，如舞剧《骑兵》《草原英雄小姐妹》等。

(三) 加强文旅融合，突出文化浸润

从当地历史沿革、红色革命故事、文明生活习俗等方面，挖掘提炼中华文化符号，凝练典型精神力量，在各项活动中广泛使用，进一步增强边疆民族地区群众的自豪感。着眼示范打造，按照标准化、多样化、特色化要求，建立民族团结进步教育基地，打造具有中华文化底蕴、融合地方特色与现代文明的艺术作品，搭建促进各族人民交往交流交融的文化桥梁，积极推动民族文化、生态旅游、农业产业资源融合转化。坚定推行国家通用语言文字教育，全面推行使用国家统编教材，加强视频课程等网络学习资源供给，以语言相通促进心灵相通、命运相通。通过树立和打造各民族共享的中华文化符号，通过创作和传播一系列有中华文化内涵的群众喜闻乐见的文艺作品，开展丰富多彩的有中华文化内涵的文化活动，普及推广国家通用语言文字，增强各族人民对中华文化的认同。

(四) 加强思想建设，坚持凝心铸魂

加强爱国主义、革命传统和精神力量的教育，引导边疆民族地区的人民争做热爱党、热爱祖国、热爱中华民族大家庭的模范。多种渠道把爱国主义教育融入国民教育、干部教育、社会教育之中，进教材、进课堂、进评价体系；纳入各级领导班子中心组学习的重要内容，纳入党校、行政学院培训的核心课程；用喜闻乐见的方式对群众进行宣传教育，加强具有地方特色的红色文化、红色历史的教育，让人们了解革命先烈的奋斗精神和牺牲精神，激发他们传承红色基因的动力。同时，实施"互联网+"行动，用好博物馆、纪念馆线上展览等远程教育资源，强化守护意识，

利用微信、微博、抖音等群众接触较多的新媒体平台开展理论阐释、政策解读和故事宣讲等，广泛传播正能量；组织群众开展短视频创作传播等活动，并通过评选表彰等方式激励广大群众，使互联网成为构筑中华民族共有精神家园的平台。挖掘本地区发展过程中出现的热爱祖国、无私奉献、守土戍边的先进典型，树立良好的榜样，发挥引领作用，引导各族群众学习。

（五）加强跨界交流，坚持固强补弱

鼓励内地企业、对口单位和高校与边疆民族地区开展人才合作项目，吸引更多优秀人才到边疆民族地区工作和生活，促进人才资源的共享和交流。搭建协作平台，形成"优势互补、各具特色、借势借力、协作共赢"的工作格局。首先，合作实施"各族青少年交流计划"。加强区域联动学生结对交流协作，采用实地与远程教育技术相结合的方式开展系列民族团结特色活动。协调联动区域相关部门促进各族青少年交往交流交融，组织中小学结对共建，开展青少年夏（冬）令营、"手拉手、结对子"、研学旅行、铸牢中华民族共同体意识实践教育等主题交流活动，加深各族青少年对铸牢中华民族共同体意识，把爱我中华的种子埋入每个孩子的心灵深处。其次，联合实施"各族群众互嵌式发展计划"。鼓励和支持联动区域各族群众跨区域双向就业创业、投资兴业，促进各族群众跨区域双向流动，逐步实现各民族在空间、文化、经济、社会、心理等方面全方位嵌入，推进各族群众广泛交往、全面交流、深度交融。最后，合力实施"旅游促进各民族交往交流交融计划"。联动整合地方优势资源，打造品质化、特色化、定制化，体现中华民族共同体意识和民族团结进步价值理念的旅游产品和精品线路，合力打造文化旅游共建品牌，以旅游

促进不同区域各族群众交往交流交融。

（六）加强体系建设，坚持合力固边

边关之固，固在勠力同心。坚持党政军警民合力强边固防，持续建强"党委把方向、政府总协调、军队当骨干、警方抓治理、民众为基础"的边防管控体系。深入开展平安边境创建活动，推行草原110、戍边警务室、"红色堡垒户""十户联防"等有效做法，加强"数字边防""智慧边防"建设，推动人防、物防、技防有机结合，提升边境管控能力。实施边境地区"水电路讯"基础设施军地一体化建设三年行动，积极推进制定精准化差异化政策，提高边境地区基本公共服务和重大基础设施保障水平，改善边境群众居住生活条件，营造抵边生活"拴心留人"的环境。党政军警民团结协作，共同守边、固边、兴边，祖国北疆安全稳定屏障日益稳固。

综上所述，筑牢祖国边疆安全稳定屏障最有效的方法就是从实际出发，做到以民为本，立足当下，放眼长远，同心戮力，久久为功。

内蒙古边境乡镇加强守边固边兴边的实践探索

——兴安盟科右前旗满族屯满族乡"五边行动"

中共科右前旗党校　李芳
中共兴安盟委党校　徐广生

【引言】习近平总书记指出,内蒙古是祖国的"北大门"、首都的"护城河",维护国家和边疆安宁,筑牢祖国北疆安全稳定屏障,是你们的重大政治责任。2023年10月,《国务院关于推动内蒙古高质量发展奋力书写中国式现代化新篇章的意见》针对内蒙古守边固边兴边面临的突出困难和存在的薄弱环节,从支持边境地区水电路讯一体化建设、实施兴边富民特色产业发展工程、加快沿边国道待贯通和低等级路段建设改造、布局建设应急物资储备库等方面提出许多具体政策。

一、背景

满族屯满族乡位于内蒙古兴安盟科尔沁右翼前旗西北部。西北与蒙古国接壤,西与锡林郭勒盟东乌珠穆沁旗交界,北邻阿尔山市,东附索伦河谷,南与乌兰毛都苏木毗邻,境线长32.273千米。满族屯满族乡成立于 1984 年,是内蒙古牧区民主改革"三不两利"政策的诞生地,是全国唯一的至今仍从事草原畜牧业的少数民族边境乡。1994、1999 年先后两次被国务院评为全国民族团结进步模范乡;1993、1998、2007 年三次被评为自治区民族团结进步模范乡。由于自然、地域、历史等原因的影响,经济、政治、文化等各方面发展水平与东中部乡镇还存在一定的差距,存在的问题有:一是位置偏远。满族屯满族乡地处科尔沁右翼前旗西北 200 千米,交通不便,人口稀少。二是相对贫困,由于人才、资金、技术缺乏,边民生计方式单一,保障和改善民生任务艰巨。最突出的问题是基础设施方面,仍存在难行路段多,环境卫生整治基础设施设备短缺,常电、信号覆盖面等急需改进的问题。三是发展相对滞后。人口呈现外流趋势,人口"空心化严重",导致人才严重缺乏。经济发展方式相对单一,经济产业支撑较弱,"通道经济"特征明显。产业发展总体滞后,呈"散、小、弱"的状态,产业和产品"优势不优、特色不特"的问题仍然突出。四是边境治理需要加强,特别是需要加强边境乡镇的基层党建工作,强化边民的国防意识、责任意识、守边能力和自我管理等能力。

二、主要做法

为推进祖国北疆安全稳定屏障建设落实落细,近年来,满族屯满族乡立足实际,深入开展以"思想筑边、组织固边、兴边富民、帮扶强边、共建稳边"为主要任务的"五边行动",积极落实各项服务边境群众的民生工程,强化基层治理能力,结合草原绿色资源，发展乡村旅游利民惠民，坚持铸牢中华民族共同体意识，打造北疆一流边防线，着力筑牢边境基层党组织战斗堡垒，积极探索加强边疆民族地区经济社会发展的有效路径。

一是坚持强化教育引领，开展思想"筑边"行动。居住在不同方位和区段的边民，在生活方式、文化习俗等方面存在着差异，统一思想，凝聚共识是边境工作之首要。针对这一现实问题，满族屯满族乡积极发挥边境优势，创新活动载体。以"夯实固边堡垒、争做守边先锋"为主题，通过重温入党誓词、讲述入党故事、重走巡边路等活动形式，不断宣传教育边民进一步坚定理想信念、赓续红色血脉、传承守边精神。组建"流动党校"，设立4支理论宣讲队伍开展不同形式的活动，如牧民党员分享队分享党员故事、书记带头讲党课、草原宣讲先锋队宣讲、党校教育固边队送学，持续为守边党员和群众"充电""加油"。

二是提高服务边民水平，用惠民实事促进"固边"行动。边民是生活在边境地区的国民群体，承担着稳边护边的特殊责任的特殊群体。"为政之道，以顺民心为本，以厚民生为本"。民生问题，不仅仅是经济问题、社会问题，更是政治问题。满族屯满族乡党委、政府时刻以增进民生福祉为发展的根本目的，积极推进各项民生事业。首先，建设边境服务站，缩短服务半径。满族屯满族乡政府所在地距边境线有长达2个小时的路程。由于地域偏远，道路、水电、通讯等基础设施较为落后，人口"空心化"现象趋势明显，满族屯满族乡投入110万元建设党群服务中心边境服务站，建立边民"3+N"政务服务体系，打造"便民服务中心+便民服务站+便民服务点+党员中心户"4类便民服务阵地，结合"一窗受理""一网通办"工作要求,建立"边民需求事项直办,民生常办事项代办,政务服务事项帮办"工作机制,为边民提供"一对一"贴心帮办代办服务,最大限度减少边民"跑腿"次数。边境服务站正式运行以来,共办理风光互补等行政许可事项 78 件,增强边民获得感和幸福感,用真挚、高效的服务保障边民生产生活需求。其次,完善发电系统,保障基本用电需求。针对边境地区缺少常电的实际情况,在满族屯满族乡边境线以内 50 千米范围安排 133 户风光互补发电系统建设项目,保障 6 个嘎查 200 户牧户生产生活基本用电需求。再次,加强道路建设,解决出行不便的难题。满族屯满族乡大部分牧业生产点离乡主干道较远且难行路段较多,影响牧民生产生活进出流通。最后,建设高标准养殖圈舍,提高综合生产能力。在满族屯满族乡边境线以内 50 千米范围安排 100 户抵边牧户新建养殖圈舍建设项目,实现养殖圈舍科学化、标准化,大力提升边民养殖业综合生产能力,不断夯实抵边牧户稳定增收基础。

三是强抓乡村振兴,开展产业"兴边"行动。全面推进乡村振兴是新时代建设农业强国的重要任务。乡村振兴,关键是产业要振兴。满族屯满族乡立足边境乡镇的发展实际,着力推进产业"兴边"。近年来,满族屯满族乡不断打造特色旅游项目,发展文化旅游产业,助力草原旅游高质量发展。实施"旅游+""+旅游",促进生态、文化乡村旅游价值转化,形成丰富多元化的文旅产品。以草原宿集为例。草原宿集是由飞茑集、目涯、迹外等几个国内外知名品牌联合运营,项目包括民宿、营地、餐饮、美术馆等业态。草原宿集活动内容和业态中,结合当地特有的文化传统，制定出特有的产品，满足消费群体的期望，结合当地牧民的实际，推出挤牛奶、奶食品制作等特色体验活动。同时，草原宿集优先聘用本乡及周边地区农牧民，解决了当地和周边地区上百人的就业。草原宿集与当地饮食、服饰、民俗活动的非遗传承人也有经常性的交流合作，助推传统文化与高端旅游融合发展。这是兴安盟乌兰毛都草原上的新生事物，填补了草原旅游高质量发展的度假业态空白。

满族屯满族乡坚持"旅游+"的发展方式，实现多领域发展。结合边境乡镇的特点和发展实际，满族屯满族乡积极发展内源型乡村文旅，激发乡村内生发展动力。牧民生活条件大幅度改善，幸福指数大幅度提升。牧民群众感党恩、听党话、跟党走，家家户户飘扬五星红旗，成为满族屯满族乡一道亮丽的风景线。

四是促进一流边防线建设，实现守望相助"稳边"行动。首先，牧民牧点立国旗，厚植边民爱国情怀。为铸牢边境地区居民的中华民族共同体意识，加强边境居民的荣誉感和使命感，满族屯满族乡在辖区内临近边境嘎查 500 个牧点搭建国旗升降台、安装国旗杆。在全乡的牧点上，每天都能看到冉冉升起的五星红旗，让草原边境乡闪耀最"靓"中国红；其次，设立"红色堡垒户"，打通服务群众"最后一公里"。在这条重要的边境线上，每一位牧民护边员都是时刻在岗的哨兵，每一座蒙古包就是一所流动的哨所，每一个边境线附近的党员中心户都是一座牢固的"红色堡垒"。满族屯满族乡建强"乡党委+嘎查党支部+红色堡垒户"的基层组织体系，不断强化嘎查党群服务中心、红色堡垒户标准化规范化建设，持续推进阵地建设提档升级。目前已建成 7

个蒙古包,为嘎查党员牧民群众提供活动阵地。结合党员分布特点,按照"居住相邻、易于集中便于管理、务实管用"原则和"政治素质好、服务意识好、组织带动好、基础保障好"的"四好"标准,推选出"党员中心户",始终以解决群众实际问题为目标。

五是坚持警民融合共建,推进"共建强边"行动。党政军警民"五位一体"合力强边固防,是新中国边防的独特优势,也是我们的制胜法宝。事实证明,没有比合力更强大的力量,没有比联防更严密的守卫。满族屯满族乡充分发挥这一优势,积极创建警民融合新路径。第一,党政军警民同心戍边,合力保边疆。充分认清维护边境安全、边疆稳定的重要责任,牢牢把握边境管控体系建设的正确方向,坚持党的领导,统筹资源力量,党委、政府加强与辖区满族屯边境派出所和绿水边境派出所协作,边境派出所所长挂职乡党委副书记,民警挂任8个嘎查1个社区党支部副书记。三岔边境检查站在警地共过党日活动,建设固定警务室,修复物理阻拦设施,安装重要部位监控设备。共建平安满族屯,共创乡村振兴新局面。第二,发挥两支守边队伍作用,服务群众驻边疆。具体举措有:首先,守望草原巡防队稳边。这是满族屯满族乡边境建设中的一张独有"名片"。由老干部、老党员、退伍军人、青年牧户、铸牢中华民族共同体意识促进会成员和热心群众组成的守望"草原巡防队",充分发挥警民融合优势,协助驻地党委、政府和边境管理部门扎实完成各项任务、积极开展各项活动,丰富了群防群治组织新内涵。坚持组织管理精细化。建立"巡防队活动室+派出所社区民警+社区工作人员"的"三级一体"指挥管理体系，达到点对点调度、扁平化指挥、快速支援响应标准。目前，巡防队以 10—15 户为半径，在交通要道、位置关键部位选建守望草原巡防队堡垒户 104 个，将 1487 个野外生产作业点纳入网格化管理体系，牧民的需要在哪里他们的身影就会出现在哪里。其次，骑兵排联系服务群众。满族屯满族乡有这样一支坚强的国防动员民兵力量，2020 年以来该乡成立了由退伍军人、党员、嘎查"两委"和牧民共 30 人组成的骑兵排，他们既能乘马作战，又能徒步作战，随时准备参军参战的边防民兵小分队，为努力构建"平安满族屯"贡献自己的力量。

三、经验启示

经过不断地探索和总结，满族屯满族乡在"一流边防线"建设中形成了"手挽手、肩并肩、心连心，共同团结奋斗、共同繁荣发展"的良好局面，为我们提供了很多有价值、可借鉴的经验和做法。

1. 加强教育引导，促进"思想筑边"为前提。不仅提升了边民的思想认识水平，而且大大提升了守边护边的责任意识，增强了边民的驻守边关的凝聚力和战斗力。这是边境乡镇强边稳边固边的必要前提。

2. 强化治穷致富，促进"兴边富民"为根本。在中国式现代化新道路上实现的共同富裕要靠全体人民共同奋斗。因此，保持经济长期稳定发展是治边强边稳边的重要基础。在这方面，满族屯满族乡发挥边境地区独特的资源优势，大力发展以主导优势产业和旅游业等为代表的边疆民族地区特色产业。根据自身环境资源与传统经济文化类型优势，注重挖掘创新，大力提升主导优势产业的市场竞争力，如"特门郭勒有机羊肉"等农畜产品。积极探索经济发展新模式，深入开展嘎查村集体经济"提质增效"行动，为全面推进乡村振兴、形成边防巩固安宁的大好局面，推动"一带一路"建设为边疆民族地区高质量发展提供了有利条件。这是边境乡镇强边稳边固边的根本之策。

3. 有效整合资源，促进"合力强边"为重点。满族屯满族乡深入贯彻习近平总书记关于乡村振兴和兴边富民的重要讲话重要指示精神，进一步整合人力资源、自然资源、政策资源，强化项目支撑、汇聚工作合力，推动边境地区在乡村全面振兴中开拓创新，率先突破。集全旗各方之力，建立各部门协调联动、狠抓落实的工作机制；以聚人气、兴产业、树品牌为重点，以产业特色化为主攻方向，大力建设精品边防线；加大项目资金投入，实施"基础固边、产业兴边、保障稳边、团结戍边"强边固防"四项工程"；按照"网格化管理、人性化服务"的连带理念，将所有牧户编进管理网格，实现了以嘎查党组织为核心、党员中心户为纽带、服务党员和牧民为根本的网格化服务机制。这是边境乡镇强边稳边固边的重要条件。

4. 完善工作机制，促进"共建稳边"为保障。完善工作机制是提升边境乡镇基层治理能力、维护北疆安全的重要保障。满族屯满族乡党委推选素质过硬、作风优良、政治坚定、经验丰富的边防民警兼任嘎查党组织副书记或嘎查达助理，同时聘任苏木乡党委班子成员兼任边防支队警外"指导员""教导员"。交叉兼职成员要充分发挥双重职能，与所在党组织班子共同研讨涉及辖区稳定、治安联防、执法执勤、群众工作和经济发展等警地双方重大问题，依靠组织制度管理和监督党员、正确处理各种关系和矛盾、开展思想政治工作，形成中心工作警地联动长效机制。这是边境乡镇强边稳边固边的重要保障。